2022年中国法学会部级项目"互联网金融税收征管法律规制研究"（编号CLS（2022）C50）

光明社科文库
GUANGMING DAILY PRESS:
A SOCIAL SCIENCE SERIES

·法律与社会书系·

互联网金融直接融资税收征管法律规制研究

曾 远｜著

光明日报出版社

图书在版编目（CIP）数据

互联网金融直接融资税收征管法律规制研究 ／ 曾远
著 . -- 北京：光明日报出版社，2024.6. -- ISBN 978 -
7 - 5194 - 8033 - 2

Ⅰ. D922. 220. 4

中国国家版本馆 CIP 数据核字第 2024H47D57 号

互联网金融直接融资税收征管法律规制研究
HULIANWANG JINRONG ZHIJIE RONGZI SHUISHOU ZHENGGUAN
FALÜ GUIZHI YANJIU

著　者：曾　远

责任编辑：刘兴华　　　　　　责任校对：宋　悦　李佳莹
封面设计：中联华文　　　　　责任印制：曹　净

出版发行：光明日报出版社

地　　址：北京市西城区永安路 106 号，100050

电　　话：010-63169890（咨询），010-63131930（邮购）

传　　真：010-63131930

网　　址：http：// book. gmw. cn

E - mail：gmrbcbs@ gmw. cn

法律顾问：北京市兰台律师事务所龚柳方律师

印　　刷：三河市华东印刷有限公司

装　　订：三河市华东印刷有限公司

本书如有破损、缺页、装订错误，请与本社联系调换，电话：010-63131930

开　　本：170mm×240mm

字　　数：187 千字　　　　　　印　　张：13.5

版　　次：2024 年 6 月第 1 版　　印　　次：2024 年 6 月第 1 次印刷

书　　号：ISBN 978 - 7 - 5194 - 8033 - 2

定　　价：85.00 元

目　录
CONTENTS

引　言

一、研究范畴界定

本书认为有必要首先界定"互联网金融直接融资",以作为全书的逻辑起点。传统理论认为小微企业因内部缺陷难以从银行获得资金,而外部资本市场的直接融资供给不足则是形成小微企业融资困境的另一个重要因素。[①] 谢平等人在 2012 年首先提出互联网金融的概念。他认为互联网金融是从支付方式、信息处理和资源配置等方面与传统融资模式不同的"第三种金融融资模式",谢平也称其为"互联网金融直接融资市场"[②]。中国人民银行在《2014 年中国金融稳定报告》中援用了"互联网金融"的概念,指出"互联网金融是借助互联网和移动通信技术来实现资金融通、支付和信息中介等功能的新型金融模式"[③]。该报告依据金融机构是否参与互联网金融活动区分了互联网金融狭义和广义的概念。也有人认为,"互联网金融是指银行等金融机构利用信息技术为客户服务的一种新的经营模式"[④]。

---

① 王兰．全球数字金融监管异化的软法治理归正 [J]．现代法学,2021 (08):14.
② 谢平,邹传伟．互联网金融模式研究 [J]．金融研究,2012,390 (12):11.
③ 中国人民银行金融稳定分析小组:中国金融稳定报告 [M]．北京:中国金融出版社,2014:145.
④ 徐细雄,林丁健．基于互联网金融的小微企业融资模式创新研究 [J]．经济体制改革,2014,189 (06):145.

与"互联网金融是直接融资"观点不同的是，原中国银保监会国际部主任范文仲认为互联网金融存在直接融资与间接融资的类型之分。他将网络借贷归为"互联网间接融资"，将众筹融资归为"互联网金融直接融资"①。相似的分类观点从金融功能角度将互联网金融分为直接融资与间接融资。但把网络借贷与众筹融资归为直接融资；将纯网络银行、传统银行的网络贷款业务、网络微贷等模式归为间接融资。② 随着互联网金融在我国出现与传统金融相融合的现象，对互联网金融概念颠覆式界定的趋势暂时减弱。学界转而侧重于互联网金融谱系内容的讨论。谢平在2014年也对互联网金融定义进行了部分修正。他从融资过程中是否经过金融中介角度出发，对目前互联网金融模式进行重新分类。③ 他认为，互联网金融是介于传统金融中介机构与没有金融中介机构之间的融资模式。④ 随着近年来，互联网金融人工智能、社交网络、机器学习、移动应用、分布式记账、云计算和大数据分析的深度融合，逐渐演化出互联网金融的概念来，金融数字化的重点已经从改善传统任务的交付转向为金融服务公司引入全新的商机和模式。互联网金融包括大量新的金融产品、金融业务、金融相关软件以及由金融科技公司和创新金融服务提供商提供的新形式的客户沟通和互动。⑤ 互联网金融能显著缓解民营企业融资约束。⑥

现有文献对互联网金融的界定虽然有很大分歧，但广义上的互联网金

---

① 范文仲. 互联网金融：理论、实践与监管［M］. 北京：中国金融出版社，2014：21-51.

② 郗晓武，刘烈宏. 中国互联网发展报告（2013）［M］. 北京：社会科学文献出版社，2014：8.

③ 谢平将互联网金融模式分为：传统金融互联网化、移动支付和第三方支付、互联网货币、基于大数据的征信和网络贷款、基于大数据的保险、对等联网（P2P）、众筹、大数据在证券投资中的应用等。

④ 谢平. 互联网金融的现实与未来［J］. 新金融，2014，302（04）：4-8.

⑤ GOMBER P，KOCH J-A，SIERING M. Digital Finance and FinTech：current research and future research directions［J］. Journal of Business Economics，2017（87）：537-580.

⑥ 解维敏，吴浩，冯彦杰. 数字金融是否缓解了民营企业融资约束？［J］. 系统工程理论与实践，2021，41（12）：3129.

融兼具直接融资和间接融资两种模式。本书利用 CNKI 搜索引擎输入"互联网金融"作为主题词，搜索 2012—2021 年间 CSSCI 期刊文献共获得 1248 篇论文，排除虽以"互联网金融"为主题，但研究内容与互联网金融范畴无关的论文 162 篇外，得到与互联网金融范畴相关的有效论文 948 篇，专项研究网络借贷、众筹融资的论文 276 篇，与网络银行、第三方支付、互联网理财、网络保险、网络证券相关论文 167 篇。余下 505 篇论文中，有 89 篇论文只将网络借贷、众筹融资、第三方支付纳入互联网金融范畴讨论，本书认为这些论文的作者对互联网金融进行了狭义界定。剩余 416 篇论文中，引用量前 30 位的论文基本将网络借贷、众筹融资、非存款类放贷机构的网络微贷、网络银行和传统银行网上银行提供的网络贷款、第三方支付（支付宝等）、网络理财（余额宝等）、网络保险、网络证券等模式按不同标准纳入了互联网金融的讨论范畴。这表明了我国学界对互联网金融谱系的界定范围有逐渐扩大的趋势。

可见，互联网金融是一个谱系概念，囊括了两种基本融资模式："互联网金融直接融资模式"与"互联网金融间接融资模式"。互联网金融直接融资模式是指资金供需信息直接在网上发布并匹配、供需双方直接联系和交易的模式，主要包括众筹融资和网络借贷；互联网金融间接融资是指需要通过银行、券商等金融中介机构的模式，具体包括非存款类放贷机构的网络微贷、网络银行、传统银行网上银行提供的网络贷款。①

二、选题的来源及意义

（一）选题的来源

从 2007 年起，众筹融资等互联网金融直接融资模式陆续进入我国，

---

① 邴晓武，刘烈宏. 中国互联网发展报告（2013）［M］. 北京：社会科学文献出版社，2014：8.

我国互联网金融直接融资市场发展已接近 20 年。尤其从 2011 年之后，通过摸索互联网金融的行业发展规律，互联网金融直接融资模式开始不断创新变化。2013 年后，国家确立了积极发展互联网金融的目标，使行业开始出现了爆炸性增长。① 尤其互联网金融直接融资市场规模从 2011 年到 2014 年，三年时间内由十亿量级发展成千亿量级的融资市场，其贷款规模达到 4000 亿元，贷款余额超过 1500 亿元。互联网金融直接融资参与人数在 2015 年首次突破千万，活跃筹资者和投资者分别在 280 万和 720 万左右。② 互联网金融直接融资市场的蓬勃发展为我国开辟新的税源提供了有利的条件。但 2016 年后，互联网金融平台"跑路"现象乃至融资模式转型，不仅反映了互联网金融直接融资监管缺失问题，也说明了互联网金融直接融资税收征管存在很大问题。

一方面，互联网金融直接融资凭借其数字化的融资手段与扁平化的融资结构致使税务机关难以依照现有税收法律规范进行有效规制。众多文献指出：互联网金融直接融资税收征管中存在难找征税依据、税务登记困难、难以全面确定纳税主体等问题。互联网金融的"无界性"使得应税活动可以通过互联网拓展到另一个乃至数个税收管辖区域，从而导致税收管辖的争议加剧或协调失灵，而现有征管技术手段有限，又增加了征管难度。如何有效实施互联网金融直接融资市场税源监控，成为摆在税务机关面前一个难以回避的问题。

另一方面，互联网金融直接融资所运用的云计算、大数据等信息技术也为税收征管法律制度的革新提供了新思路和新方法。传统的税收征管以手工申报、经验审核为主，管理效率低；纳税信息获取渠道窄、核查困难；互联网金融直接融资中"以票控税"难度大、成本高。而利用信息化手段恰恰可以提高涉税信息的采集、加工和利用水平，使信息来源更广

---

① 国务院办公厅《关于金融支持小微企业发展的实施意见》国办发〔2013〕87 号。
② 零壹研究院. 中国 P2P 借贷服务行业白皮书（2015）［M］. 北京：东方出版社，2015：3.

泛、掌握更及时。纳税申报电子化、税收稽查科学化、税务管理自动化在大大提高效率的同时，可以降低管理成本、堵塞管理漏洞。

因此，本书正是围绕互联网金融直接融资对税收征管法律规制提出的挑战和机遇这一现状而展开的。

（二）选题的理论意义

通过对互联网金融直接融资税收征管法律问题的研究，不仅有助于丰富税法理论，也有助于推进互联网金融相关理论的发展，为其提供新的研究视角和方法，开拓新的研究领域和空间。

第一，有助于丰富和完善互联网金融税收征管法的理论依据，从而进一步完善我国税收征管制度理论体系。互联网金融直接融资的"数字化"属性不仅动摇了现有税收征管程序制度的设计，甚至税收征管程序诸多环节出现制度漏洞。不仅影响了税收征管法约束国家征税权的效果，也影响了纳税人权利保护，还降低了征税效率。如何完善互联网金融税收征管法律制度的理论基础，需要从信息技术对法律理论的影响视角，研究互联网金融直接融资税收征管理论机制，这不仅能开辟一种新的研究思路，而且对于互联网金融直接融资税收法律理论体系的完善具有重要意义。

第二，有助于完善互联网金融直接融资税收征管程序法的原则。税收程序法的原则贯穿税收程序法的制定和实施过程，为税收各方主体必须遵循的根本行为准则，是指导税收征管程序活动的基本原理。因此，明确互联网金融直接融资税收征管法律规制原则内涵有着重要的理论意义。倡导征管参与原则、征管服务原则、征管效率原则，通过规范税收征管程序，形成符合我国国情的税收征管法治文化，有助于增进税务机关与纳税人的相互了解，促进税收征管程序法立法的科学化、法治化，实现征纳双方关系的平衡。

（三）选题的实践意义

第一，为合理构建互联网金融直接融资税收征管法律制度提供合理建议。纵观近年来我国互联网金融直接融资发展的状况，虽然取得了长足发展，但是这些成就的取得多数依赖于市场自身发展，相应的税收法律体系不健全、法律制度不完善，导致我国互联网金融直接融资行业未形成良性发展机制。建立和完善适应互联网金融直接融资发展的税收征管法律制度是非常必要的。

第二，以建构互联网金融直接融资涉税信息共享机制为切入点，为建立适应大数据时代的信息共享机制提供可行的范例。涉税信息是税收征管法律制度有效实施的根本所在，大数据信息技术虽然缓解了传统税收征管中信息不对称的问题，但产生了新的信息不透明的难题，本书试图通过明晰互联网金融直接融资税收征管过程的涉税信息共享机制解决上述问题，具有重要的现实意义。

三、重要研究内容的解释

（一）互联网金融直接融资的分类

互联网金融直接融资主要指：筹资者因企业初创或早期发展需要获得资金，在互联网金融直接融资信息平台上向不特定人群进行融资的行为，可分为众筹融资和网络借贷。① 网络借贷是筹资者通过互联网平台以商业

---

① 世界其他国家对众筹融资的分类分为股权、债权、奖励、捐赠四个基本类型。其中，债权众筹融资也被称为网络借贷。在美国资本市场上，证券发行类众筹融资主要有两大类，即债权众筹融资和股权众筹融资。债权众筹融资指投资者通过购买企业债券等票据或者签订投资合同，对项目或公司进行投资，以期获得其一定比例的债权，未来获取利息收益并收回本金；股权众筹融资则是指投资者通过购买公司股票的方式对项目或公司进行投资，成为公司股东并获得其一定比例的股权。债权众筹，典型模式即为网络借贷，其自推出就被认定是"证券"类型，由美国证券监督委员会严格监管。

信用方式直接从投资者处获取资金的方式。①众筹融资可分为奖励型众筹融资、股权型众筹融资与捐赠型众筹融资。股权型众筹融资是小微企业或其筹资者在股权众筹融资平台进行的股权融资活动。②奖励型众筹融资是筹资者在众筹融资平台以产品、权利或服务为回报进行项目融资的行为。捐赠型众筹融资则是筹资者基于公益目的发起的没有回报的融资行为，捐赠型众筹的公益性不属于本书的研究范围。

1. 网络借贷

在互联网金融资本市场上，网络借贷指的是个体和个体之间通过网络实现直接借贷。③出借方（下称为投资者）与借入方（下称为筹资者）既可以为法人，也可以是个人，还可以是其他组织。其基本运作模式来自美国 Lending Club 和 ProsPer：筹资者在网络平台上寻求资金支持，众多不特定投资者登录众筹融资平台提供相应资金。平台具有完全中介角色，仅提供服务促进借贷交易的达成。我国的金融环境与美国大不相同。金融监管较为严格，但个人征信系统缺失，普通融资活动对金融中介依赖较大，这使我国的网络借贷模式在单纯中介平台基础上发生了变化，产生多种模式共存的产品体系。

网络借贷模式可大致分为四种：纯平台模式、保本保息模式、标准产

---

① 《股权众筹融资管理办法（试行）》中证协发〔2014〕236 号。
② 在认识度上，网络信贷存在广义与狭义之分。广义即指凭借网络所发生的所有信贷关系，狭义则指通过专业的正规网络推介平台所形成的信贷关系。在著述中，有许多研究者将网络借贷等同于网络信贷。对于这种概念的互换，笔者认为是欠妥当的。实质上，相对于 P2P 模式而言，网络信贷是一个上位性的概念，在实践中，其表现为两种类型，即 B2C 模式与 C2C 模式。在前一模式中，网络平台为作为贷款人的商业银行提供信息中介服务，根据规则的不同，有时借款人在走完线上程序后，还必须去对应的银行进行线下交易。后者即网络借贷，在该模式中，借款人的自治性较强，可自主决定贷款期限、利息等，而贷款方则可以像网购一样自由地选择自己愿意出借资金的对象。
③ 第一财经新金融研究中心 . 中国 P2P 借贷服务行业白皮书 2013［M］. 北京：中国经济出版社，2013：3.

品模式、债权转让模式。① 从本质来说，纯平台模式是网络借贷基础形态，是最符合互联网金融"去金融中介化"的直接金融形式。标准产品模式是小额贷款公司和担保机构将自己的债权打包成标准理财产品，通过网络借贷平台出售给投资者，投资者受让的债权可在平台自建平台二级市场流通。债权转让模式是筹资者在网络借贷平台上发布融资需求后，由与网络借贷平台关系密切的第三方发放贷款，向投资者转让债权。保本保息模式则是平台向投资者提供保证归还本金和利息的模式，即"平台担保化"。如果平台没有明确说明风险准备金的来源、使用情况及是否以此为限对贷款提供本息保障，平台自身资金和风险准备金界限不清，承担风险的责任主体不明确，则平台的行为为贷款提供了担保。因而，网络借贷平台实质成了信用中介机构，而不是信息中介机构。② 以上四种模式并非孤立存在，大多数网络借贷平台推出的产品可能会涉及不同模式的交叉。

银保监会对网络借贷平台经营模式进行了严格限定。银保监会关于《网络借贷信息中介机构业务活动管理暂行办法（征求意见稿）》禁止平台自融、设置资金池、承诺保本保息、拆标、期限错配、虚假宣传、从事股票配资与众筹、发售银行理财、券商资管、基金、保险或信托产品等等。但允许网络借贷平台通过引入担保的通行做法：收取风险准备金、引入第三方融资性担保公司。收取风险准备金是指在贷款发放后，平台向筹资者收取一定比例费用建立风险准备金，如果平台明示以风险准备金为限向筹资者提供本金和利息的保障，仍可视为纯平台模式。③

2. 众筹融资

"Crowd-funding"一般被翻译为众筹融资或小额公众集资，但通常以

---

① 对于这类"资金运作"式网络借贷活动，央行已有所表态，将之视为非法吸收公众存款的行为。

② 赵渊. 直接融资视角下的 P2P 网络借贷法律问题研究 [J]. 交大法学，2014（04）：150.

③ 叶湘榕. 网络借贷的模式风险与监管研究 [J]. 金融监管研究，2014（03）：74.

"众筹融资"为指代。众筹融资主要是项目筹资者通过互联网众筹融资平台宣传介绍自己的项目，由不特定数量的投资者对感兴趣的项目进行投资，筹资者由此获得一定数量的项目启动资金。与普通投资活动不同，众筹融资的投资者往往会积极参与众筹项目的筹划与实施过程，着力改进众筹产品适应其自身的需求。众筹融资突破了投资者与筹资者身份的限制，一方面使大量普通人群能够以少量资金参与项目投资，激活了社会存量资金；另一方面为小微企业打开了新的融资渠道。由此可见，众筹融资的主要特点就是：低门槛、多样性、大众力量。

一般来说众筹融资有捐赠类、奖励类、借贷类和股权类四种模式。捐赠类和奖励类众筹融资规模比借贷类和股权类众筹融资小，且多集中于环境、教育、公益等领域。① 借贷类众筹融资（在我国即网络借贷）与股权类众筹融资则多集中于软件、互联网、计算机和通信技术等领域。但国外在对互联网金融直接融资进行监管时，通常将网络借贷与众筹融资由同一监管部门进行监管。②

（1）股权众筹融资

美国证券交易委员会在 2013 年颁布了世界第一部股权众筹融资监管法规。美国证券交易委员会试图在保护小投资者和为小企业创造融资便利方面取得平衡。虽然我国巨大的社会存量资本使股权众筹在我国有发展前景，但支持股权众筹发展的制度环境并不成熟。受到 2013 年美国股权众筹监管法案出台的影响，我国股权众筹监管立法才逐渐被提上议事日程。③ 2015 年，证监会出台《私募股权众筹融资管理办法（试行）（征求意见稿）》将股权众筹融资定义为私募股权众筹融资。

但证监会将股权众筹融资界定为私募股权众筹融资值得商榷。"私募"是只能以非公开方式向特定对象募集资金。"非公开方式"排除了广告、

---

① 捐赠型众筹因其公益性质，不在本书讨论范围内。
② 高汉. 互联网金融的发展及其法制监管［J］. 中州学刊，2014（02）：58.
③ 《关于促进互联网金融健康发展的指导意见》银发〔2015〕221 号。

公开劝诱和变相公开的形式。"特定对象"主要包括两类：一类是发行人的关联方，另一类是机构投资者。特定对象的规模则累积限于 200 人以内。① 由于《证券法》对私募股权融资有明确的投资者资格和人数限制，使得《私募股权众筹融资管理办法（试行）（征求意见稿）》不仅需要迎合小微企业融资需求，而且按照《证券法》规定，将不具备合格风险投资能力的普通投资者排斥在股权众筹融资的投资者范围之外，要求股权众筹融资平台明确限制众筹项目的投资者人数和投资者资格，从而"营造"出非公开的方式和特定的募资对象。② 需要注意的是，此举将众筹的"众"与私募的"私"之间的天然矛盾暴露出来。股权众筹在我国之所以能够迅速发展，是因为其低门槛的创业模式能够吸引大量普通民众。因此，证券业协会提高股权众筹投资者的准入标准，不具有普惠性，违背了众筹的本意。鉴于《股权众筹融资管理办法（试行）（征求意见稿）》中存在的诸多问题，在该意见稿发布后仅一个月，证券业协会就对《股权众筹融资管理办法（试行）（征求意见稿）》做出了调整，将私募股权众筹重新定义为互联网非公开股权融资，并降低了投资者准入门槛。

但无论私募股权众筹还是互联网非公开股权融资，均是投资者以股权形式参与投资。互联网非公开股权融资有三种模式：天使投资、股东直接投资与有限合伙私募基金股权融资。

---

① 《中华人民共和国证券法》第十条第（二）款规定：向特定对象发行证券累计超过 200 人的为公开发行；第（三）款规定：非公开发行证券，不得采用广告、公开劝诱和变相公开方式。

② 《私募股权众筹融资管理办法（试行）（征求意见稿）》规定，私募股权众筹融资的投资者是指符合下列条件之一的单位或个人：（一）《私募投资基金监督管理暂行办法》规定的合格投资者；（二）投资单个融资项目的最低金额不低于 100 万元人民币的单位或个人；（三）社会保障基金、企业年金等养老基金，慈善基金等社会公益基金，以及依法设立并在中国证券投资基金业协会备案的投资计划；（四）净资产不低于 1000 万元人民币的单位；（五）金融资产不低于 300 万元人民币或最近三年个人年均收入不低于 50 万元人民币的个人。上述个人除能提供相关财产、收入证明外，还应当能辨识、判断和承担相应投资风险；本项所称金融资产包括银行存款、股票、债券、基金份额、资产管理计划、银行理财产品、信托计划、保险产品、期货权益等。

与天使投资、股东直接投资模式相比较，互联网非公开股权融资的有限合伙制基金模式是与股权众筹融资最为接近的一种互联网非公开股权融资模式。首先，该模式对投资者要求最低。除一般投资者受限于《证券法》不能超过 200 人的限制外，该模式对投资者没有过高的资格要求。虽然我国已经开始酝酿股权众筹融资的试点，但截至 2015 年底，股权众筹融资正式运营牌照并没有落地。其次，股权众筹融资迟迟无法落地的原因在于：普通投资者在入股后，进行后期投资管理非常困难；投资者承受投资风险能力低；投资回报形式非常复杂。与这些障碍相比较，互联网非公开股权融资的有限合伙制基金模式通过普通投资者间接持股的方式能够解决上述问题。实践中，京东股权众筹融资试点也以互联网非公开股权融资为模本，但没有突破《证券法》的限制。因此，一旦《证券法》修改了对互联网非公开股权融资的有限合伙制基金模式的资金、人数限制，该模式很有可能转变为股权众筹融资模式。所以，当《证券法》明确股权众筹融资的法律地位时，在此之前已经开展股权融资信息业务的互联网非公开股权融资平台将获得一条转型为股权众筹融资平台的可行路径。这与要求设立新股权众筹融资平台的方法相比，将为互联网非公开股权融资平台节省大量的经济成本，不会使其因此承担过重的成本压力。这与美国《众筹法案》要求众筹融资网站注册成为美国证券业协会会员是同一思路。因此，本书主要就互联网非公开股权融资的有限合伙制基金模式问题进行讨论。

（2）奖励型众筹融资

奖励型众筹融资的项目数量在我国和世界范围内都占据了很大份额，这与其自身模式低成本与低风险不无关系。首先，奖励型众筹融资相较于网络借贷和股权众筹融资而言，结构非常简单，门槛较低，完成众筹融资交易的闭环相对容易。其次，奖励型众筹融资以产品为回报，投资者乐意获得价值较稳定、风险小的实物产品。最后，奖励型众筹融资"明确是在法律的规范区域内。现有法律为奖励型众筹融资的发展提供了基本的法治环境和法制保障"①。

（二）互联网金融直接融资的参与主体

互联网金融直接融资参与主体即互联网金融直接融资关系人，是与互联网金融直接融资有直接利害关系或权利义务关系的人。一般而言，包括互联网金融直接融资信息中介平台、投资者和筹资者。

1. 互联网金融直接融资信息中介平台

在互联网金融直接融资中，互联网金融直接融资平台是为投资者和筹资者提供信息中介服务的网络平台，具体责任包括但不限于：借贷信息公布、信用审核、法律手续、投资咨询、逾期贷款追偿、资金中间托管结算服务等。但我国互联网金融直接融资平台所承担的责任远大于其他国家互联网金融直接融资平台。究其原因是在我国互联网金融直接融资中，普通投资者的风险投资能力、风险承担能力与国外投资者相比更弱。众筹融资平台需要审核筹资者提供的项目，将合格或具有发展潜力的项目提供给广大投资者。实际过程中，众筹融资平台往往还与筹资者相互沟通，为筹资者提供项目咨询建议服务。不仅如此，众筹融资平台还为众筹投资者提供包括财务、技术、法律等多方面的投资信息以维护投资者合法利益的义务。在四种众筹融资模式中，股权众筹融资的流程比网络借贷更为复杂，因此，股权众筹融资平台责任比其他众筹融资模式平台的责任更大。根据《私募股权众筹融资管理办法（试行）（征求意见稿）》第七条规定，证券业协会为我国股权众筹融资平台设计了较低的准入标准，体现了国家鼓励具备资质的企业设立股权众筹融资平台的意图。这借鉴了美国《股权众筹监管法案》创设股权众筹融资平台的思路。如果按照我国现有《证券法》规定，会提高股权众筹融资的运营成本，使其丧失优于传统股权融资渠道的成本优势。因此，在《证券法》修改过程中，已经明确了股权众筹

---

① 王在全. 互联网金融与中小企业融资［M］. 北京：中国经济出版社，2015：215.

融资平台法律制度创立的基本原则。"相对于注册券商，要求这些网站注册成为股权众筹融资平台，是一个更为合理的选择，不会使其因此承担过重的成本压力。"①因为股权众筹融资平台本质上不具有券商资质，如果其如券商般经营证券交易，那么设立股权众筹融资平台法律制度也失去了其最初的意义：股权众筹融资平台仅是撮合投融资双方的信息平台，而不是金融中介机构。

2. 投资者

投资者是互联网金融直接融资中的资金来源方，可以是个人，也可以是机构投资者。在互联网金融直接融资市场中，个人投资者实现了无信用中介机构直接投资行为。但互联网金融直接融资的特点是小额、分散，因此需要多个投资者的投标才能满足筹资者的融资需求。

在《场外证券业务备案管理办法》（简称《办法》）出台前后，众筹融资的投资者成分发生了分化。在《办法》出台前，股权众筹没有明确法律定义时，存在机构投资者与个人投资者并存的情况。在《办法》出台后，将其中的"私募股权众筹"修改为"互联网非公开股权融资"。因此，需要依据数额、行业等标准区分众筹项目的不同，并对个人投资者的动机以及投资数额进行分析。

对于众筹融资的投资者而言，尤其是个人投资者，欧盟、美国、英国、加拿大、新西兰和澳大利亚均不约而同地规定了其在众筹融资平台上的投资资格、投资额度、风险识别能力以及退出机制等内容。② 而我国目前尚无专门的金融消费者权益保护法律来解决互联网金融直接融资中的消费者纠纷，对互联网金融模式下的金融消费者保护同样没有专门的规定。现有的《消费者权益保护法》《产品质量法》《人民银行法》《商业银行

---

① 刘明. 美国《众筹法案》中集资门户法律制度的构建及其启示 [J]. 现代法学, 2015, 37（01）: 149.

② Corporations and Markets Advisory Committee. Crowd-sourced equity funding report [R/OL]. Australian Government The Treasury, 2015-05-04.

法》《证券法》等法律法规也未建立完善的金融消费者保护体系，特别是在数字经济环境下，对消费者享有的权利以及各方的责任认定都没有适用的法律法规。目前，我国暂无针对互联网金融直接融资发展的基础性法律，对互联网金融直接融资的消费者保护规定散见于《电子银行业务管理办法》等规定中，缺乏具体的操作性规范，消费者在发生纠纷时暂时无法可依。

3. 筹资者

筹资者通过互联网金融直接融资平台提供真实可靠的信息，并许诺产品、服务、股权或债权作为回报，向不特定的投资者募集资金。互联网金融直接融资筹资者能够筹集资金的主要依据是，必须按照平台要求提供可以确认的信息，如个人身份信息、项目信息等。"但出于保护筹资者隐私的目的，投资者无法获知筹资者具体信息。"[①]我国征信体系并不健全，互联网金融直接融资平台通常还会对筹资者提供的信息进行线下核实与考察，并公布在平台上，供投资者参考。

《私募股权众筹融资管理办法（试行）》规定了筹资者必须向投资者和信息中介平台履行筹资项目信息披露义务，其中包括：融资计划信息，筹资者项目管理、运营、资金使用等最基本的项目信息，并要求筹资者必须及时向投资者披露重要的运营信息。银保监会《网络借贷信息中介监管细则暂行办法》中则对筹资者各项内容提出了不低于国外监管规则标准的内容。

我国奖励型众筹融资与国外的奖励型众筹融资的区别在于：我国奖励型众筹融资平台为吸引更多普通投资者，一般会避免让普通投资者过早参与停留在概念层面的项目。让仅停留在概念和设计图阶段的产品通过众筹实现较大金额融资的风险极大，只有在产品基本成型之后，才可以促进优质项目的工业化、市场化生产。因此，其要求筹资者一般是小微企业或其

---

① 李焰，高弋君，李珍妮. 借款人描述性信息对投资人决策的影响——基于P2P网络借贷平台的分析 [J]. 经济研究，2014，49（1）：145.

代理人。但这种模式极易与产品预售模式相混淆，投资者与筹资者的身份也会被转换为买方与卖方。实质上，投资者通过众筹融资进行奖励投资不能忽视投资者对众筹项目的期待与促进，而这也是奖励性众筹融资与产品预售最大的区别。

四、国内外研究现状评述

（一）国外现状

随着互联网金融的兴起，互联网金融直接融资所引发的一系列税收征管法律问题也逐步受到重视。笔者分别在 CNKI、月旦法学、Google 学术、West law、Lexis Nexis、HeinOline 等学术资源库采集到的有关国外对互联网金融直接融资税法问题研究，主要见于以下两方面：

1. 互联网金融直接融资引发的税收征管问题

在美国，Dietz 剖析了众筹融资投资者面临的"纳税困境"，由于税收法典的复杂化，且国内收入局（IRS）对众筹融资所得性质缺乏明确的解释，美国纳税人在申报众筹融资所得税时极易出现申报错误的情况。建议对众筹融资模式给予税收减免，既解决了纳税人面临的申报困境，同时也促进了相关行业发展。① Loucks D. 认为当众筹融资项目是为弱势群体提供帮助时，例如药物研究项目，不论何种收益模式均给予"慷慨"的税收优惠。②

在欧盟，Röthler 根据众筹融资的收益性质，总结了欧盟国家适用各种级别的增值税（或附加值税）、所得税以及投资收益税，可以根据不同的情

---

① DIETZ E. The Tax Code's Crowdfunding Dilemma：The Temptation of Kickstarter Creators to Use the Gift Exclusion Under Section102（a）［J］. HamlineLawReview，2014，37（03）：453.

② LOUCKS D. Will crowdfunding and general solicitation spur orphan drug development for biotechs［J］. North Olmsted，2013，48（10）：343-344.

况适用各类税收抵免，但出现收益性质混合情况时，则会出现税收抵免的困境。① Wilson K. E. 通过一项 Seedrs 用户调查发现，由于税收管辖不明，部分投资者无法享受到应有的税收优惠，致使股权众筹融资的成本高于预期。实践中，欧盟顶级创业投资基金都希望欧盟各国能够协调税收管辖冲突，利用优惠吸引更多投资者和创新企业。② Ramos J. 从税收成本角度分析了欧盟众筹融资发展情况，指出了众筹融资所得税的复杂性特点，并认为能够有效降低其成本的是企业所得税，建议在欧盟范围内就减免众筹融资企业所得税、简化税制并建立与之配套的高效执行机制。③

在澳大利亚，Stewart L. 认为众筹融资无法享受税收减免，但基于澳大利亚税收优惠重实质、不重形式的一贯思路，澳大利亚税务当局应当通过对相关法案的扩展适用，使众筹企业享受小微企业税收优惠和企业研发税收优惠的双重税收优惠政策。④ 而 Brandon 与 Guy 则注意到了众筹融资参与主体课税需区分是个体还是组织、是投资还是赠予、是股权收益还是债权收益，认为这对纳税人和税务当局都造成了相当多的"困扰"，应明确这些因素对所得税法和税收管理法形成的影响。⑤

在巴西，De Carvalho L. 认为，巴西政府鼓励通过税收手段激励风险资本投资发展，故风险资本投资发展的主要障碍是复杂税制导致的高税收负担，这对发展股权众筹融资形成障碍，建议设计分类简化的税制，降低

---

① DAVID R, WENZLAFF K. Crowdfunding schemes in Europe [J]. EENCReport, 2011, 45 (07)：541.
② WILSON K E, TESTONI M. Improving the role of equity crowdfunding in Europe's capital markets [R/OL]. Bruegel, 2014-08-28.
③ GREENGARD, SAMUEL. Following the crowd [J]. Communications of the ACM, 2011, 54 (02)：20-22.
④ RAMOS, JAVIER. Crowdfunding and the role of managers in ensuring the sustainability of crowdfunding platforms [R/OL]. European Commissiom, 2014-05-01.
⑤ BRANDON, GUY. Taxation and crowdfunding——The start [J]. Taxation in Australia, 2015, 49 (08)：446.

其税收负担，并通过提高税务机关信息化水平，增强其税收征管能力。①

2. 互联网金融直接融资对各国税收征管制度影响

根据 Lending Club 与 ProsPer 所提供给投资者纳税申报指南所示，美国国内收入局对网络借贷尚无专门的解释。美国国内收入局对网络借贷个人所得税的纳税申报，仍然根据家庭收入、家庭成员组成不同按不同标准，将网络借贷收入计入家庭收入总额中，再按照相应标准进行减扣。英国则于 2014 年 12 月出台了新的税收减免政策，并改革了个人所得税代扣代缴制度。加拿大税务局（CRA）在 2014 年前对众筹融资收益课征个人资本利得税，在 2014 年开始也对众筹融资收益按照不同的性质给予部分免税政策以刺激其发展。而澳大利亚税务局则于 2015 年在四种众筹融资模式中界定了投资者、筹资者与平台在消费税上的权利与义务。②

（二）国内现状

就国内而言，随着互联网金融直接融资模式的迅速发展，国内学者也开始逐渐关注互联网金融直接融资税法问题。中国财税法学会副会长张富强教授在第八届南方财税法高层论坛"互联网金融创新与我国金融财税体制的完善"的主题发言中提出，互联网金融发展迅猛，从而对现行税法提出严重挑战，其相关税收问题、法律问题都是崭新问题。其中较为突出的问题即是互联网金融对现有税收征管制度提出的挑战。严卫中认为，互联网金融领域税收法律制度的缺位直接导致互联网金融税收征管缺乏依据，征管不确定性大。③ 李爱君教授认为税务机关对互联网金融直接融资税收

---

① DECARVALHO, LUCIAFERNANDA. Equity-based Crowdfunding as an Alternative for Funding of Startups: Trends in Branzilian Context [R/OL]. International Symposium on Management, Project, Innovation and Sustainability, 2014-11-11.

② Australian Taxation Office. GST and crowdfunding [R/OL]. Australian Government Australian Taxation office, 2015-08-01.

③ 严卫中. 浅议互联网金融税收征管 [J]. 税务研究, 2015, 363 (05): 99-101.

监管存在漏洞。① 如在某公司偷漏税一案中，网络借贷平台没有被纳入税收监管范围，未能如实申报员工个人所得税、企业所得税和营业税，与同期小额借贷公司纳税情况相比，形成了巨大的差异。互联网金融直接融资在税收征管制度的漏洞不利于税收监管，也不利于平台享受税收上的优惠待遇。李慧对各地方互联网金融直接融资平台的调查发现，税务机关对于互联网金融存在模糊认识，表现在各地方的互联网融资平台由于行业定位不同，存在不同层面税收。在享受税收优惠上也存在差异。在此基础上，刘磊和钟山依照现有营业税、个人所得税、企业所得税方面的规范对互联网融资平台、投资者、筹资者的税负承担情况进行了分析。②互联网金融的发展呈现出高度混业化的特征，各类金融产品、模式相互交叉，边界不明显。同时，我国互联网金融尚处于初步发展阶段，各类平台运行模式、业务类型常常因行业环境、市场竞争、政府监管政策的变化而不断调整，不同的企业对各自业务有着不同的界定。互联网融合部分发展模式、业务类型难以准确定位，造成了税收征管难以确定具体依据的困境。③ 张玲南认为互联网金融税收优惠政策的顺利推行，需要经过博弈分析的利益检验和比例原则的功能评判，以契合该领域政策推行的目的性、适当性、必要性和均衡性。④

　　学界还对我国互联网金融直接融资税收征管法律制度的完善提出了初步建议。刘阳律师认为，对于互联网投资者而言，资产收益或者投机收益本身虽然是通过互联网金融直接融资而产生的，但与传统意义上的资产收益没有不同，既然按照我国有关资产收益税收管理办法征管，并且符合小

① 李爱君. 互联网金融的法治路径 [J]. 法学杂志，2016，37（02）：49-54.

② 刘磊，钟山. 互联网金融税收问题研究 [J]. 国际税收，2015，25（07）：56-60.

③ 魏琼，吕金蓬. 我国互联网金融税收法律制度研究 [J]. 税务与经济，2017，210（01）：81-85.

④ 张玲南，邓翔婷，贺胜. 互联网金融税收优惠政策的博弈分析及其比例检视 [J]. 财经理论与实践，2019，40（02）：156.

微企业税收优惠政策，就应当依法享有税收减免的合法权益。

目前，国内外直接关于互联网金融直接融资税收征管法律规制问题的研究还不是很多，呈现出表层化与零散化状态，表现出以下不足之处：第一，研究角度单一。现有研究主要从"征税"视角，关注互联网金融直接融资对税收征管制度的冲击及完善措施，但缺乏从"纳税"角度研究互联网金融直接融资的成果。第二，在研究方法上，缺乏横向的比较研究。世界各国的互联网金融直接融资发展高度同步，但对发达国家完善的互联网金融直接融资税收征管制度的比较研究几近空白。第三，在研究内容上，现有成果以完善具体税收征管制度研究为主，缺乏互联网金融直接融资税收征管法律理论研究。

综上所述，本书认为对互联网金融直接融资税收征管法律规制问题的研究还处于起步阶段。互联网金融直接融资税收征管法律规制是一个较为复杂的问题，需要深入思考和研究，如在厘清互联网金融直接融资的内涵与外延、功能与特点基础上，对互联网金融直接融资税收征管的有效性、公平性等问题进行研究，采用结构主义和利益平衡的分析范式对其实现路径进行分析等。

五、创新与不足之处

（一）创新之处

本书试图在以下两个方面有所创新。

第一，本书从互联网金融直接融资对税收征管制度的影响角度研究了税收征管法律制度理论从"应然"向"实然"的转变可能。税收债权理论是税收程序法律关系的基础，其目的是确保税收债权的实现，维护纳税人权利。程序正义对税收征管而言，不仅是税收征管的必然要求，更是税收征管实然的过程本身。依法稽征则是实现纳税人权利保护和限制国家征税权滥用的必要保障。互联网金融直接融资利用发达的信息技术改变了金融资源不均衡配置结构，实现了普惠金融的"平等性"。这一逻辑能为落实税收债权债务关系，实现纳税人真正有效参与征税权力的运作过程，并对征税决定发挥有效作用提供切实的路径。

第二，本书以我国互联网金融直接融资发展为前提、以发展现状为基础，完善了互联网金融直接融资税收管理、确定、检查法律制度。现行税收征管程序制度权力色彩浓重、技术规则水平低，既制约了税务机关的税源监管工作，也阻碍了纳税人权利的保护。因此，需要明确税务登记制度在互联网金融直接融资税收征管中的法律地位，在提高税收征纳技术信息化水平的基础上，完善纳税人自主申报和代扣代缴制度，依靠高效的涉税信息共享机制，精简信息化条件下的税务检查规则，实现互联网金融直接融资税收征管公平与效率的价值目标。

（二）不足之处

本书虽力求全方位展示互联网金融直接融资对税收征管法律制度各方面的影响，但因笔者自身知识结构不足，在探讨互联网金融直接融资税收征管法律制度问题的过程中所涉及的会计学、金融学、管理学等理论知识的运用尚欠熟练。此外，笔者虽然尽力使用书中所倡导的大数据等信息技术手段采集研究材料，但大数据并不是万能的，它也存在极易产生数据垃圾等缺陷。因此，为保证本书资料的真实性，笔者未能结合互联网金融直接融资的税收案例进行更深入的理论研究，致使实证研究部分有所欠缺。

第一章

互联网金融直接融资风险及税收征管法律规制障碍

第一节　互联网金融直接融资风险

互联网金融直接融资具有"普惠性"特征。[①] 首先，互联网金融直接融资摆脱了对传统金融中介的依赖，改善了金融资源的配置结构。传统金融因信息不对称使融资成本与投资收益难以达到最优，形成了金融资源配置不均等的格局。互联网、云计算、大数据等信息技术的兴起则从技术层面消除了信息不对称的障碍。信息通信技术实现了投融资需求信息流的超远距离互通；信息存储技术则实现投融资信息集中处理；信息分析与处理技术则通过数据处理软件将投融资需求进行标准化、结构化处理；为资金供需双方提供最优信息。[②] 投融资主体利用互联网金融直接融资信息中介平台实现融资需求与投资意向远距离的直接对接，无须通过拥有交易场所的实体金融中介，节省了一定的融资中介成本，完成了低成本的定价与交易活动，提高了资金流动性。其次，互联网金融直接融资能够实现普惠金

[①] 丁杰. 互联网金融与普惠金融的理论及现实悖论 [J]. 财经科学, 2015, 327 (06)：7.

[②] 高杨，李健. 基于物联网技术的再制造闭环供应链信息服务系统研究 [J]. 科技进步与对策，2014，31 (03)：17.

融所倡导的"金融服务均等化"原则。① 筹资者通过互联网金融直接融资,提高了融资成功率,让普通群体享受了互联网金融直接融资——"众融"供给所提供的投资机会。因此,互联网金融直接融资需求大于供给,低门槛普及了"全民金融"的理念,凸显了普惠金融的应有之义。最后,互联网金融直接融资依靠信息通信、存储与分析技术带来的大数据优势降低了风险控制成本,从而缓解了金融服务社会化需求与金融中介盈利需求的冲突。互联网金融直接融资大数据的信息化有效实现了金融资源的合理配置,满足了各参与主体的不同需求,使金融公平的价值目标与金融发展的价值目标得到了较好的协调。

互联网金融直接融资兼具金融与数字二重性:首先需要明确的是互联网金融仍然是金融的一种类型,互联网金融与传统金融都会遇到市场风险、流动性风险和信用风险等问题;而数字化与传统载体相比,典型性特点诸如技术性、创新性以及虚拟性会给互联网金融带来传统金融所不会面临的风险,而且这些风险极易发展为系统性风险,带来的损害后果不可估量。② 一方面,我国的互联网金融仍然是一个新生事物,其本身涉及多个行业,当前的许多监管法律和规章无法对互联网金融进行很好的限制和监管,互联网金融发展过程中隐性风险丛生;另一方面,在当今互联网金融逐步发展壮大、市场竞争日益激烈的市场环境中,发生了多起关涉互联网金融的风险事件,这表明互联网金融的隐性风险已经开始发展为显性风险。互联网金融并不是金融机构以互联网为载体而产生的融资模式,传统金融机构的信息化程度并不亚于甚至超过了一些互联网金融机构,因此,互联网金融风险类型也不是可以从互联网或传统金融中简单推测出来的。③ 通常来讲,互联网金融面临的风险主要基于以下原因:(1) 其依赖于信息

---

① 吴晓求.互联网金融:成长的逻辑 [J].财贸经济,2015,399 (02):5.
② 江宇源.政策轨迹、运营模式与网络经济走向 [J].改革,2015,251 (01):65.
③ 李鑫,徐唯燊.对当前我国互联网金融若干问题的辨析 [J].财经科学,2014,318 (09):8.

技术，也就是说互联网金融开展交易活动必须以技术的良好运行为基础性前提，一旦技术发生风险，例如出现系统崩溃，那么风险将不可预期；（2）数字虚拟性带来的交易模式革新，传统金融面对面的交易模式在互联网金融中受到挑战，互联网金融实现了一切交易活动都可以以电子信息为基础进行，这可能带来无法确认交易者身份的问题，带来比传统金融更为严重的信用风险；（3）金融跨界经营已成趋势，例如现在金融市场中的平台企业等开展的金融活动已经抢占传统金融的大量市场份额，这一方面给传统金融带来竞争压力，促进其发展，另一方面也带来了无法预期的金融风险，使市场中充斥着不确定的风险；（4）法律制度的监管缺位，互联网金融在我国尚属新生事物，依靠行业自律可能会带来隐性风险的累积，一旦爆发，后果难以想象。

一、以"信用"为中心的互联网金融直接融资风险

"信用是互联网金融的'纽带'"①，众所周知，人与人之间为何会产生信任，首先要了解之后才有可能产生信任。而了解又是如何产生的呢？了解需要建立在人与人之间互相交流的基础之上。这是人际交往中的信任，而信用制度中的信任也是如此，信用制度中的了解建立在信息传输的基础之上。信用制度在顺利运行中实现既定目标依赖于信息的正常传输和准确接收，由此看来，可以说信息既是信用制度顺利运行不可或缺的条件，也是实现制度运行目标的基础。信用制度作用的市场中存在着作为受信方和授信方的交易主体，如果双方在信息交换的基础上给予彼此一定条件的信任，是否信用市场中的信用制度就可以顺利运行并实现其制度目标呢？通常情况下，信用市场中的受信方占据着天然优势地位，因为其在信息拥有上总是优于授信方。对于市场主体的管理水平、技术水平以及经济

---

① 姚国章，赵刚．互联网金融及其风险研究［J］.南京邮电大学学报（自然科学版），
2015，35（02）：15.

实力等方面的信息只有受信方自己才能得到最准确无误的信息，而授信方在获取市场主体这些内部资料所反映的信息上处于劣势地位。有人会疑惑，为何国外的信用制度就运行得如此之好？这是因为国外的整个社会信用信息化程度非常高，授信方可以从社会信用信息化中得到准确真实的信息。而我国当前难以获取市场经济条件下完整的企业和个人信息，缺乏有效运行的信用评级体系，所以我国的授信方无法获取受信方的真实信息。这就带来了信用市场中受信方和授信方二者之间的信息不对称，正常情况下应当是授信方处于选择的主体地位，但信息不对称带来了不正常的授信方逆向选择，使我国信用市场中出现"格雷欣法则"现象，守信者无端被失信者排挤出信用市场，信用市场风险增大。①

互联网金融直接融资业务核心驱动力是投资者对筹资者信用风险承担，但融资双方通过互联网非直接接触，仅依靠信息中介平台的撮合，使"互联网信用业务引致的信用风险程度更高"②，并且互联网信贷高风险源于缺少征信以及管理借款人的信用风险。③ 互联网金融直接融资在我国的实际发展情况来看，其发展仍存在先天性的短板。主要表现为我国的征信体系，特别是个人征信体系严重滞后，相较于欧美等发达国家，存在市场化程度不高，征信覆盖面较低、数据分散，指标体系不完善等问题。④ 同时自动化审贷技术也相对缺失，导致征信系统的封闭。征信数据的分散造成借、贷、审三方之间信息严重不对称，因此，融资双方的信息不对称问题比传统信贷更为严重。为解决互联网金融直接融资发展过程中出现的一

---

① 罗珊，黎富森. 金融发展与城乡收入差距——基于政府角色分析的新发现 [J]. 上海经济研究，2013，25 (11)：3-13.
② 郑联盛. 中国互联网金融：模式、影响、本质与风险 [J]. 国际经济评论，2014，113 (05)：116.
③ 中国人民银行征信中心与金融研究所联合课题组，纪志宏，王晓明，等. 互联网信贷、信用风险管理与征信 [J]. 金融研究，2014，412 (10)：133.
④ 何运信. 我国多层次征信体系的生成机理与演化路径 [J]. 宏观经济研究，2009，122 (01)：67.

系列因信息困境形成的问题，我国互联网金融行业协会制定了互联网金融的信息行业标准，从信息发布和匹配环节、信用评级环节、电子合同签约、资金清算、客户管理、担保管理、抵押管理、贷后管理、财务管理、系统管理、数据分析等 12 个环节制定了不同的信息标准。如下表：

表 1-1　互联网金融信息行业标准

	标准	最低标准
信息发布和匹配	注册登录、提交认证、充值、提现、发布借款、还款、自动投标、手动投标、购买担保、债权转让、查看账户、交易查询、帮助中心	注册登录、提交认证、充值、提现、发布借款、还款、手动投标、查看账户、交易查询、帮助中心
信用评级和额度审批	基础认证：身份证、户籍、视频认证、手机实名、银行流水、央行征信、法院数据、联系人、居住地、网络名誉调查	基础认证：身份证、户籍、联系人、居住地
	高级认证：学历、邮箱、公积金、驾驶证、行驶证、不动产、实地考察、其他	无
	补充认证：身份证、家属身份证、户口本、生活照、劳动合同、房产证、婚姻证明、其他	无
电子合同签约	生成借贷订单和电子合同、生成担保订单和电子合同、生成债权转让订单和电子合同、电子合同本地存档、打印、发送合同到用户的邮箱	生成借贷订单和电子合同、电子合同本地存档、打印
资金结算	用户资金记录、用户对账单、理财报告、银行卡身份验证、出账二次确认、白名单验证	用户资金记录、银行卡身份验证、出账二次确认
客户管理	客户列表、账户状态修改（锁定、激活、注销）、服务咨询案件管理、短信通知、邮件通知	客户列表 账户状态修改（锁定、激活、注销）
贷款审批	无	无

续表

	标准	最低标准
担保管理	客户列表	无
抵押管理	抵（质）押物清单、资产评估、权益转让、处置记录	无
贷后管理	借款列表、债权转让列表、逾期预警、逾期列表、催收记录	无
财务管理	手续费账户、风险准备金账户、担保金账户、保证金账户、用户资金账户	手续费账户、风险准备金账户、用户资金账户
系统管理	访问用户基本资料、访问用户认证材料	无
数据分析	用户分析：在线人数、登录时段、区域分布、年龄分布、性别分布 交易分析：平均放款金额、平均借款金额、借款目的分类、平均满标周期、平均发标利率、平均成交利率 账务数据分析：平台交易手续费、账户管理费担保费、逾期罚息认证费、保证金、第三方支付手续费	用户分析：无 交易分析：平均放款金额、平均借款金额、借款目的分类、平均满标周期、平均发标利率、平均成交利率 账务数据分析：平台交易手续费、账户管理费担保费、逾期罚息认证费、保证金、第三方支付手续费

　　我国互联网金融直接融资平台的信息采集标准看似有依有据，但却很难落实。互联网金融的勃兴使原本复杂的金融产品和服务蒙上了科技的新面纱：消费者、投资者与经营者之间又产生了新的信息鸿沟——科技信息不对称。[①] 首先，各个信息平台采集用户信息的标准不一，有的平台仅依靠用户提供的基本注册信息就做出了信用等级评价，因此，没有统一的信息标准无法评价用户的信用等级。其次，平台采集的用户信息来自用户的手动录入，一旦录入错误或虚假录入，大部分信息平台很难通过有效手段

---

　　① 曾威. 互联网金融科技信息披露制度的构建［J］. 法商研究，2019，36（05）：79.

验证信息是否真实。为避免信息虚假，部分融资平台会采用线上注册、线下验证的方式对筹资者信息进行考察，但同样也面临如何甄别信息真实性的问题。再次，各融资平台的信用等级评价机制的标准不清晰，出现了"一千个人眼里有一千个哈姆雷特"的现象。而美国 Lending Club 等网络借贷平台则采用多种信息关联印证的量化评级体系，较为客观地反映了用户真实信息。最后，虽然部分平台将不良筹资者列入公示名单，但筹资者一旦还款，平台为了获得更多项目来源，会将其移出公示名单，因此，缺乏有效处理不良筹资者的进一步措施。平台拥有的用户信息是平台的商业机密，很难在彼此间实现信息共享，因此，单个平台实施的筹资者黑名单制度显得实用价值不高。①互联网金融直接融资平台中大部分投资者并没有过多的专业投资经验，更多是盲从于平台提供的信用评价，投资者很难掌握准确的投资信息，"羊群效应"非常明显，一旦出现平台"跑路"情况，往往牵连出成千上万不知所措的投资者。

　　一般小型互联网金融直接融资平台通过第三方模板搭建信息中介平台，数据采集、存储、分析通常集中于单个数据库中，没有形成理论上数据存储云、数据共享和数据分析云的大数据模式，因此小型平台的信息处理能力较弱、信息真实程度难以完全保证。而国内较大型平台通常会通过线下采集、线上搭建的方式建立数据库，虽然一定程度上保证了信息真实性，但仍是伪"大数据"模式。针对行业普遍存在的信息不透明问题，建立国家主导的互联网金融平台信息共享系统则成为必然趋势。在 2015 年 9 月，中国人民银行正式将互联网金融行业信息系统并联，搭建了互联网金融直接融资信息共享系统。② 此外，《网络借贷信息中介机构管理法》引

---

① 张云起，孙军锋，王毅，等．信联网商务信用体系建设［J］．中央财经大学学报，2015，332（04）：90-99.

② 目前通过系统共享的数据主要分为三类：一是不良贷款信息，指逾期超过 90 天的贷款；二是逾期贷款信息，指逾期 90 天以内的贷款；三是正常贷款信息，指未结清且尚未逾期的贷款。

入了平台信息强制披露制度，并要求互联网金融直接融资平台将统计信息与中国人民银行及行业中央数据库运行机构共享，对投资者和筹资者也规定了相应的信息披露义务，缓解了行业信息不对称问题。

传统融资市场中投资者通常需要面临的信用风险主要是筹资者无法按期偿还贷款，而股权众筹融资风险的复杂性在于其不仅需要面临传统融资市场中的既有风险，还可能面临融资渠道本身所具有的信用风险。[①] 实践中，其既不具备股权众筹本应具有的"公开、小额、大众"的本质特点，也未必能够体现出相比传统非公开股权融资或债权融资的效率优势。[②] 也就是说，股权众筹融资市场中的信用风险类型有项目风险和融资信息中介平台风险两种。

第一，项目信用风险。从项目引发出的信用风险又可以分为项目本身的信用风险和筹资者的信用风险。1. 项目本身的信用风险。众筹融资项目本身的信用风险直接影响着投资者的投资是否可以获得合理回报。通常情况下，众筹融资涉及的项目并不是完全成熟的产品，尚处于投资开发阶段，所以其是否能在市场中进行竞争处于一种不确定的状态，极有可能发生该项目根本无法取得预期收益的情况，此时投资者的投资不仅无法获得回报，其投资的资金本身也面临无法收回的风险。市场经济条件下技术更新换代速度极快，例如手机软件平均 2 个月就可以更新一次。众筹融资项目涉及的技术产品的市场价值无法准确预估，有可能该技术产品刚投入市场，还未产生较大收益，市场中就已经出现了技术价值更高的新产品，直接导致众筹融资技术产品被淘汰出市场，此时投资者的投资也无法获得合理回报。2. 筹资者的信用风险。筹资者是否有良好的信用直接影响着项目能否投产。首先，股权众筹融资市场中由信息中介平台对筹资者的信息进行审核，并没有相关专业信用评级机构对其信息的真实性进行调查和评

---

① 沈伟. 中国的影子银行风险及规制工具选择 [J]. 中国法学，2014，180（04）：157.
② 董淳锷. 中国股权众筹立法问题之检讨 [J]. 比较法研究，2018，159（05）：129.

估，筹资者的信息存在不真实的可能性。其次，央行的征信系统并没有关联到股权众筹融资的数据库，也就是说融资平台根本没有办法查询到筹资者的信用记录，无法对筹资者的信用进行真实评价；即使筹资者在股权众筹融资的过程中有违约甚至违法行为，也并不会在央行的征信系统中留下记录，不会对其征信系统的信用记录产生任何不良影响，这就使得筹资者的违约收益超过违约成本，极有可能在制度上就为其违约创造了机会。最后，当前对股权众筹融资资金使用情况监督的法律制度缺位，按照现行规定，股权众筹融资在平台上融资成功后，资金就可以转入筹资者的账户，而融资资金是否切实投入项目之中，投资者和融资平台都没有法律依据或其他途径可以进行资金使用情况的监督。

第二，融资信息中介平台信用风险。融资平台信用风险又可以分为平台信息风险和网络渠道风险。[①] 1. 平台信息风险。首先，当前的融资信息中介平台的盈利模式为在筹资者的项目融资成功后收取一定的佣金，现实中平台的佣金数额通常为融资资金总额的5%—25%，[②] 这种盈利模式直接将项目筹资者的利益和平台的利益实现了一体化。融资平台为了使自己的获利达到最大化，会采取各种手段甚至是非法手段来促使融资成功，这就加大了融资过程中的平台信息风险。[③] 其次，虽然融资平台需要对众筹融资项目进行审查以确保其真实性，但众筹融资市场中并没有统一的审核标准，各个融资平台都是自行制定标准且仅限于内部使用，所以从外部根本无法对融资平台的风险监测和管理水平进行一个客观的评价，这也加大了融资过程中的平台信息风险。最后，为了保证项目筹资者的信息安全和融资成功率，融资平台上的项目所公开的信息仅包含了功能信息和项目优

---

① 陈秀梅，程晗. 众筹融资信用风险分析及管理体系构建［J］. 财经问题研究，2014，373（12）：50.

② 郭新茹，韩顺法，李丽娜. 基于双边市场理论的众筹平台竞争行为及策略［J］. 江西社会科学，2014，34（07）：81.

③ 刘宪权. 论互联网金融刑法规制的"两面性"［J］. 法学家，2014，146（05）：81-83.

点。基于成本的考虑，信息中介平台很少出具信用评估机构的评估意见，众筹融资项目的投资者只能获取平台上不全面的信息，无法准确进行风险评估；而且，为了使众筹融资获得成功，筹资者或是平台甚至会聘请网络水军等不良成员介入，使众筹融资市场充斥着虚假信息，进一步加大投资人的风险评估难度，甚至导致投资人根本无法预测风险，这也从另一个层面加大了融资过程中的平台信息风险。2. 网络渠道风险。众筹融资与传统融资最大的区别就是拓展渠道不同，众筹融资以互联网为基础展开，其融资的发起、宣传、融资过程以及资金交易都通过互联网进行，所以互联网中的网络效应所带来的风险都将在众筹融资平台上显现出来。而目前对于网络问题虽然有公安机关的网监部门进行监管，但这只是针对涉及公共安全的刑事案件，对于金融风险的监控仍然缺乏。

二、以"信息化"为核心的互联网金融直接融资风险

互联网金融直接融资在本质上就是运用互联网中的信息技术实现传统金融中的资金筹集、支付、收益等服务的均等化。[①] 信息中介是监管政策对互联网金融平台的基本定位。[②] 互联网金融直接融资是金融体系的有机组成部分，也是实现普惠金融的有效途径。数据的快速处理是互联网金融赖以发展的基础，所以互联网金融直接融资的正常运行离不开互联网中的大数据技术。互联网金融直接融资的大数据技术应用包括信用评估、风险管理以及资产定价等诸多方面。而互联网金融直接融资大数据技术的应用又面临着处理失速、信息失真、安全失控等挑战。

（一）互联网金融直接融资数据处理效率低下

现代金融的发展离不开与信息技术的高度融合。在 19 世纪末，无线

---

① 吴晓求. 互联网金融：成长的逻辑 [J]. 财贸经济，2015，399（02）：5.
② 宿营. 猫虎之辨：互联网金融平台定位的信息中介与信用中介之争 [J]. 法学论坛，2021，36（03）：101.

电、电话通信技术的出现很快与证券市场相结合，在美国与欧洲市场形成了近现代全球证券市场的雏形。随后，互联网技术和信息技术的发展改变了证券市场的交易方式，使投资者可以自己动手进行证券交易，加快了证券市场的交易速度，活跃了市场交易，逐渐形成场外交易市场，使各国证券市场出现了极为激烈的竞争态势。为保证不错失任何一个交易机会，进一步提高证券交易系统的数据处理能力和加快交易速度是现代证券市场交易的突出特征。因此，各国对证券市场的监管技术手段和监管规则也随之迅速发展。

但目前我国互联网金融直接融资平台大数据分析技术效率不高，还不能完全满足投资者的市场需求。首先，我国互联网金融直接融资投资者只需简单注册申请账号就可进行投资交易。互联网金融直接融资交易全过程都是通过电子化进行信息传递，这与现代金融市场电子交易模式差别不大。互联网金融直接融资市场法律控制的薄弱性和互联网的虚拟性使任何人都可以轻松成为互联网金融直接融资的参与主体，但金融市场的准入要求则更为严格。其次，互联网金融直接融资信息中介平台的大数据处理能力不仅在于通过互联网采集信息的能力，还在于其过滤垃圾信息、分析有效数据与合理开发使用信息的效率能否满足用户的市场化需求。许多小型互联网金融直接融资平台的数据处理能力往往弱于传统金融机构的大数据分析能力，因此，要获取真正的大数据技术既需要更为开放的信息环境，也需要大量的资金与人才投入，这是很多小型网络借贷平台所无法做到的。

（二）互联网金融直接融资过程电子化出现的信息失真

互联网金融直接融资过程全电子化，是指互联网金融直接融资过程中投资者、筹资者与信息中介平台订立合同的全过程中，将各种信息以电子数据形式传输，形成具有法律效力的电子合同，并通过电子支付形式完成资金转移的过程。在这一过程中，各参与主体的有关信息都以电子凭证形式保留在互联网金融直接融资信息中介平台处，与传统纸质凭证相比更易存储。大数据的价值在于能将众多不关联信息串联成评价用户信用的信息数据链，但互联网金融直接融资信息的超大量数据会出现数据噪声与信息失真情况。信息平台采集筹资者信息时，会更多关注其财务、资信等数字信息，而筹资者自身身体健康、家庭状况等潜在的影响个人信用的信息，则很难通过互联网采集，并且此类信息也无法通过标准程序处理。如"网络水军"的大量存在，姑且不论其目的，但却足以使信息失真。而风险意识不强、专业知识缺乏的互联网金融投资者，又最容易受到"信息"的蛊惑，特别是被互联网金融直接融资的高收益所吸引时，往往只看到利益而忽视风险。[①] 如何在超大量的数据中剔除垃圾信息，去伪存真，对互联网的大数据处理能力提出了不小的挑战。

（三）互联网金融直接融资投资主体个人化导致的信息安全风险

互联网金融直接融资投资主体个人化，是指交易双方主体都是个人。这种模式是个人通过互联网金融直接融资平台注册账号，成为潜在投资者，并在平台上寻找投资对象。但一般个人投资者所持有的资金数量有限，风险识别能力和抗风险能力较差，个人信息一旦注册到平台上，就由平台对其信息进行处理，用户丧失了对自己信息的掌控。大数据信息安全风险在于平台掌握的用户信息无论是无意还是故意被泄露、滥用，都会对用户产生不可预计的影响。例如，黑客通过攻击互联网金融直接融资信息中介平台，将获得的大量用户信息在网上非法买卖；部分企业将用户信息用于广告宣传，大量曝光用户隐私；个人投资者通过手机下载被植入木马程序的互联网金融直接融资信息中介平台 App 客户端，造成个人信息被盗。因此，个人投资者的信息弱势地位使投资者很难维护个人隐私权。互

---

① 王子菁，张玉明，刘丽娜. 共享金融风险管控机制构建及路径创新［J］. 山东社会科学，2020，295（03）：144.

联网金融直接融资信息安全风险是阻碍互联网金融直接融资正常发展的主要因素之一。互联网金融直接融资信息中介平台信息风险控制标准的参差不齐难以满足大数据处理的标准。出现这些问题的原因在于，我国缺乏控制个人信息安全的法律法规，信息财产权利保护方面的法律法规也滞后于信息经济发展。

（四）互联网金融直接融资支付电子化出现的资金安全风险

互联网金融直接融资支付电子化，是指整个资金转移过程都是以电子化形式完成的。从目前的实际情况来看，互联网金融直接融资主要通过第三方支付机构和商业银行两种方式实现资金的第三方托管。我们随意进入一个互联网金融直接融资平台的网站就可以发现主页上滚动着诸如"资金由第三方托管""委托第三方机构对用户账户进行资金管理""通过第三方支付平台进行资金交易"等字眼，网络借贷平台期望通过这些宣传方式减少投资者对投资风险的担忧，但这仅是一种表面宣传方式，其是否真的实现第三方托管仍有待进一步查证。第三方资金托管能否增加互联网金融直接融资平台的人气和成交量也没有确切的证据。① 事实情况是互联网金融直接融资平台并没有和投资者的资金实现完全隔离，与其宣传的第三方托管仍然存在不小差距。一方面，金融市场中的第三方支付机构资金托管绝大多数属于网关型支付合作。简单地说，就是投资者充值用于投资的资金可以直接转入平台在第三方支付机构的账户，而不再需要以投资者的名义在第三方支付机构开设独立账户，导致托管机构的权利义务界定不清。② 这种方式产生的后果是只需要在平台上进行资金操作就可以实现所有的资金划转，所以即使平台把投资者的资金挪用，投资者也无从发现。另一方面，另一种第三方托管方式——商业银行托管也存在风险。因为商业银行

---

① 陆松新，兰虹. 风险投资、第三方资金托管与中国 P2P 网络借贷平台成交量——基于 P2P 网络借贷投资者的视角［J］. 投资研究，2015，34（08）：35.

② 尹丽. P2P 网络借贷平台资金托管问题研究［J］. 当代经济管理，2016，38（01）：88.

托管的只是风险备用金，而不是托管平台所有投资人的资金，而且商业银行的托管实行的是只托不管的模式。所以即使经济活动中平台出现了资金链断裂，投资人的投资资金无法兑付，商业银行的赔付资金额仅为风险备用金，并不会对投资者的所有投资资金兑付，而且商业银行也不可能对资金划转和资金归属争议承担责任。也就是说，商业银行托管也无法将资金流和信息流完全隔离。

第二节 互联网金融直接融资税收征管法律规制障碍

广义上看，税收法律的执行包括税务征收管理的过程和税收司法过程，但税收法律的执行通常是指狭义上的依据税收征管法进行税收征收管理的过程。《税收征管法》是税务机关征收互联网金融直接融资主体各项所得税的程序法依据。理论上，完备的《税收征管法》在保障纳税人权利的基础上，能够使税务机关足额、准确地征收各种赋税。但受税收征管程序制度可操作性的影响，不仅要考虑到税收征管程序普遍意义的合理性与科学性，更要考虑互联网金融直接融资环境对税务机关税收征管能力的影响：按照既有的税收征管组织结构、人员素质、技术条件、涉税信息掌握、税务机关内部、互联网金融直接融资参与主体以及第三方之间的协调等因素，在互联网金融直接融资环境下能否如制度设计之初设想的一样正常运作。此外，互联网金融直接融资环境的这些新变化必然会推动税制体系变革：数据流转课税将成为新税种，个人所得税比重会不断上升，增值税等传统流转税比重趋于下降。① 《税收征管法》的落实需要经历税务管理、税款征收、税务检查等环节，且每一环节需要符合互联网金融直接融

---

① 蒋震，苏京春，杨金亮. 数字经济转型与税制结构变动 [J]. 经济学动态，2021，723（05）：115.

资的特点才能保证实现税收征管环节的"良法美治"①。

在传统观念中，税务机关是税收征管法的执行主体。税务机关对《税收征管法》的执行受税务机关主观意愿与执行能力的影响。② 一方面，税务机关的执行意愿由税务机关决策层的意愿与执行层的意愿相互影响共同构成。互联网、金融等行业税收征管问题对税务机关而言，已经是"令人头疼"的难题，而随着互联网与金融的结合则形成了更为复杂的互联网金融税收征管难题。因此，决策层对互联网金融税收征管的认知与重视程度将直接影响到执行层面的关注意愿。税务机关基层人员是直接落实决策层对互联网金融直接融资税收征管问题意见、指令的执行者。他们自身的价值观念、利益倾向、认知水平和专业素质也直接决定了互联网金融直接融资税收征管的效率。但税务机关作为税收征管法律的主体，所掌握的税收征管权会因各种因素使税收征管陷入"失灵"状态。③ 表现在：监管机制缺乏、信息不对称、激励与惩罚失调、征管与遵从成本过高，加之互联网金融直接融资有关税法制度缺失，使税务机关只能比照现有税收征管规则展开税收征管工作。在现有制度本身就不完善的基础上，导致了互联网金融税收征管更加欠缺法定性，使得互联网金融直接融资出现了"默许式"的征管盲区。

2015 年 1 月，国家税务总局公布了最新的《税收征收管理法（征求意见稿）》，将第三方网络平台纳入了监管范围，这说明了税务机关在税收征管工作中对第三方网络平台信息采集能力的重视，并且确定了第三方网

---

① 刘剑文. 税收征管制度的一般经验与中国问题——兼论《税收征收管理法》的修改 [J]. 行政法学研究，2014，85（01）：31.
② 马列. 税收治理现代化视野下的纳税服务 [J]. 税务研究，2015，368（10）：66.
③ 王秀芝. 税收能力提升的必由之路：税收征管现代化建设 [J]. 中国人民大学学报，2015，29（06）：28.

络平台的税收征管全过程中涉税信息采集的协助义务。①《税收征收管理法（征求意见稿）》建构第三方网络平台涉税信息协助机制的建议，说明了国家在互联网经济时代强调依法治税的制度建设与整个国家深化体制改革相连接的思路。在此之前，有关互联网经济方面的各种法律法规已陆续出台，但彼此间未形成体系，甚至出现冲突，更缺乏规范互联网金融引发的税收征管问题的行政法规。2015 年，中国人民银行等十部委《关于促进互联网金融健康发展的指导意见》，明确了互联网金融直接融资模式；2015年中国证券业协会发布《私募股权众筹融资管理办法（试行）》，进一步明确了市场已存在的私募股权众筹融资模式与股权众筹融资的区别，随后以互联网非公开股权融资来定义私募股权众筹融资。2016 年银保监会发布《网络借贷信息中介机构业务活动管理办法》，明确了互联网金融直接融资平台的信息中介性质、行为方式及责任承担等诸事项，很大程度上为互联网金融直接融资税收征管制度建构提供了依据。互联网金融的兴起与快速发展也引发了各个地方政府的关注，并纷纷出台相应的互联网金融政策。北京、天津、广东、贵阳、江苏、湖北、上海、山东、浙江、江西、湖南、广西、安徽、甘肃、福建、四川等地均出台了相应的互联网金融发展政策，这些法律文件并非针对互联网金融直接融资的税收征管问题做出的规定，但是其为互联网金融直接融资规范设计、互联网金融的税收征管制度提供了相应的制度保障和操作基础。

税收征管法律制度改革在国际化、数字化、电子化一同影响的税收征管信息不透明的背景下，需要加强第三方涉税信息采集，通过云计算、大

---

① 《税收征收管理法（征求意见稿）》第十九条 从事网络交易的纳税人应当在其网站首页或者从事经营活动的主页面醒目位置公开税务登记的登载信息或者电子链接标识；第二十四条 纳税人、扣缴义务人使用征纳双方认可的电子凭证，可以作为记账核算、计算应纳税额的依据；第三十三条 网络交易平台应当向税务机关提供电子商务交易者的登记注册信息；第八十八条 税务机关在履行税额确认、税务稽查及其他管理职责时，有权到网络交易平台提供机构检查网络交易情况，到网络交易支付服务机构检查网络交易支付情况。

数据、互联网等现代信息技术，对涉税信息进行分析、处理。① 目前，结合《税收征管法》等税收程序基本法分析互联网金融直接融资税收征管制度设计与运行的成果十分有限。但如前文所述，信息技术的发展，使互联网金融直接融资迅速崛起，突破了传统的地域和时空限制，互联网金融直接融资的发展给现有税收征管的一系列程序制度带来了新的冲击与挑战。

一、现行互联网金融直接融资税收管理程序制度的问题剖析

（一）税务登记规则的虚置

1. 互联网金融直接融资的税务登记主体

现行的《税收征管法》仅将从事生产、经营的纳税人列为办理税务登记的对象。实践中那些从事生产、经营以外的纳税人不办理税务登记，逃税、漏税的现象频发。② 如前文所述，互联网金融直接融资投资者从个人投资者逐渐向个人投资者与机构投资者共存方向变化。随着互联网金融监管力度的加大、互联网融资市场规模的扩大与竞争的加剧、互联网金融直接融资投资操作专业化程度的加深、平台运营成本的上移以及个人投资者风险承担能力的减弱等问题的出现，互联网金融直接融资市场急需机构投资者的加入。③ 在我国，自 2007 年互联网金融直接融资模式引入中国后，我国投资者一直摸索着适合市场发展的投资渠道。如互联网金融直接融资模式经历了个体投资——组团投资——专业投资基金的过程。中国的机构投资者除了遵循国外创设的投资基金、投资模式和单平台投资模式外，还

---

① 陈兵．新经济时代从"以票控税"到"信息管税"的转向——由 B2T 税收征管问题引发的思考 [J]．法学，2014，397（12）：77.

② 王丽娜．数字经济下税收征管数字化转型的机遇与挑战 [J]．国际税收，2021，102（12）：65.

③ 王达．美国互联网金融的发展及中美互联网金融的比较——基于网络经济学视角的研究与思考 [J]．国际金融研究，2014，332（12）：47-57.

结合我国实际情况，创设了符合国情的有限合伙模式和账户对接模式。互联网金融机构投资者发展存在诸多束缚：法律与监管障碍、成本与收益并不匹配等，这使机构投资者在互联网金融直接融资中地位不明。尽管如此，互联网金融直接融资的机构投资者已成为足够影响其发展的主体。按照现行《税收征管法》，被纳入税收征管范围的通常是获得营业执照从事生产、经营的纳税人。随着经济活动中人们闲置资金开始增多、有价证券逐步市场化、人们投资意识越来越强，资本收入在人们的收入体系中开始占据越来越大的比例。资本投资不仅包括传统的股权、债权以及物品所有权交易，还包括有价证券的交易，例如股票、债券，甚至包括金融期货和金融期权等金融交易。互联网金融直接融资开展活动不依赖生产经营所需要的生产设备、场地等要素，与传统生产经营活动相比，互联网金融直接融资的参与主体范围得到非常大的拓展，以互联网为依托的互联网金融直接融资模式在许多方面都区别于传统的银行融资渠道。① 互联网金融直接融资的参与主体从国有企业到民营企业，从个体户、个人投资者到股份有限公司、有限责任公司，从营利机构到非营利机构，还包括商业银行、保险公司、证券公司等金融从业机构，参与主体几乎遍布国民经济各个不同性质的行业。在当前互联网金融直接融资主体范围大大超越现行税源管理范围的情况下，现有税收登记制度的漏洞已经非常明显。

2. 商事登记制度改革弱化了税务登记的信息采集功能

2014 年 2 月 7 日国务院正式印发《国务院关于印发注册资本登记制度改革方案的通知》（国发〔2014〕7 号）。该通知中涉及的登记制度全面改革了原有的商事登记制度，将对以工商登记前置为基础的税务登记工作造成巨大影响，该影响也必将波及互联网金融直接融资的税收征管。

第一，商事登记事项改革给税务登记信息采集带来困难。此次商事登

---

① 刘征驰，赖明勇. 虚拟抵押品、软信息约束与 P2P 互联网金融 [J]. 中国软科学，2015，289（01）：35-46.

记改革对原本一些需要登记的事项进行了精简，现行的登记制度仅保留了名称、住所、负责人、类型、出资者和出资额，而以前营业执照中必须注明的经营范围和经营方式现在也不需要记载。这就导致《税务登记管理办法》中涉及的税务登记事项中只有六项信息可以通过商事登记的途径获取，而另外四项内容直接被精简，这些信息都需要税务机关自行采集。但对于营业执照中不需要注明的经营方式和经营范围，税务机关没有权限和精力进行查证。可见，商事登记事项的变革直接造成了税务机关进行涉税信息采集的困难，而且商事登记变革直接造成前置监控程序缺位。① 以商事登记事项不再包括经营范围为例，这会直接造成核发税务登记证、划分国税地税管辖权以及确定纳税人应纳税种等方面在现实中的操作困难。第二，商事登记对住所不再审查导致税源控管困难。商事登记制度改革之后不再要求经营者的住所和经营场所必须相同，这就导致税务机关无法通过住所确定其经营场所，对税务机关查找应纳税企业造成困难，不仅对登记地的纳税人不易征管，也很难对跨地域的纳税人进行监管，直接造成税源掌控方面的困难。第三，注册资本认缴登记制度存在逃税、避税的风险。商事登记制度改革之后仅要求公司进行注册资本登记，公司的实收资本不再要求登记，仅由其自行申报，而且登记机关不强制要求公司提交验资报告，也不再监管公司的实收资本是否切实到位。这种登记制度直接造成公司有可能少申报实收资本且登记机关无从查证，从制度上直接造成了作为纳税人的公司通过弱化资本逃避印花税的漏洞，增加逃税、避税的风险。② 第四，个体工商户不再要求登记带来税源控管困难。商事登记制度改革之后，为减轻登记机关和个体工商户的登记负担，达到促进个体工商户发展的目标，若自然人以个体工商户而不是企业的方式进行经营活动，登记机

---

① 杨峰. 我国商事登记法律制度改革对税收征管制度的影响与完善［J］. 社会科学家，2015，219（07）：13–14.

② 杨志银，黄静. 我国证券市场税收漏洞及征管应对措施［J］. 理论探讨，2015，185（04）：104–107.

关不再对其实行强制登记。但这样就会造成市场中有大量的经营者"无证经营",在我国现实国情下要求纳税人自行办理税务登记存在困难,而在其"无证经营"的情况下税务机关也无法查找到纳税人,这就直接造成税源控管困难,带来应纳税款的大量流失。第五,商事主体除名制度的实施为税收征管带来困难。根据我国现在执行的税收征管法律制度,纳税人必须向税务登记机关缴纳应纳税款、滞纳金和罚款等款项,才能办理税务注销登记,而只有在税务注销登记完成之后才可以办理工商注销登记。这一制度的实施是税收征管工作顺利开展的保障。但商事登记制度改革之后,实施的商事主体除名制度,将导致税收征管法的上述制度失去存在的基础,使税务机关无法及时要求纳税人结清应纳款项,税收征管工作无法顺利开展,直接导致国家的税款流失。地方实践为此做出一定变通:自然人从事依法无须经有关部门批准的经营活动的,可以不办理个体工商户商事登记,直接办理税务登记。①

(二)纳税申报制度失能

1. 互联网金融直接融资纳税申报主体

互联网金融直接融资中的"对赌协议"通过对期权的灵活运用,打破了税法对投资所得债权与股权的二分类型标准,使得投资者能够根据自身风险倾向和投资意向设计全新的投资协议,这种"对赌协议"对实体经济活动是有价值的。② 按照传统税法的投资所得分类标准,将不同内容"对赌协议"的所得纳入税法既有分类框架存在一定的困难:如果互联网非公开股权融资参与主体通过"对赌协议"进行避税安排,使源自"对赌协议"的期权所得难以划入债权所得或权益所得的类型中。按照《个人所得税自行纳税申报办法(试行)》规定,"确定应税所得,没有扣缴义务人

---

① 叶姗.经营所得个人所得税纳税义务之构造[J].环球法律评论,2021,43(04):63.
② 刘燕,楼建波.金融衍生交易的法律解释——以合同为中心[J].法学研究,2012,34 (01):62.

的，需要自行申报个人所得税"。因此，获得互联网非公开股权融资期权收益的自然人需要自行申报所得。

2. 互联网金融直接融资纳税申报困境

（1）纳税申报意识淡薄

数字经济对增值税征收带来的挑战很大部分在于税收遵从问题。[①] 互联网金融直接融资活动中，用户很少能从信息中介平台获取计税凭证。即使用户主动向平台索取计税凭证，平台也会向用户说明计税凭证缺失或以现金返还为借口，这主要是因为互联网金融直接融资模式中投资者群体的分散性，致使投资者几乎没有意识到能够向平台索取服务发票。此外，互联网金融直接融资信息中介平台盈利能力欠佳，使得平台与投资者普遍存在自主纳税积极性很低的状态。

（2）纳税申报激励制度缺失

根据我国现行《个人所得税实施细则》，纳税人应当主动进行个人所得税申报，并按时按量缴纳个人所得税，但是法律的规定并没有落到实处。现实生活中存在纳税人应当进行个人所得税申报而其却没有主动向税务征收管理部门申报的现象相当普遍。这种现象并没有相应的制度进行规制，仅依赖纳税人的自觉。一方面，对未申报个人所得税的纳税人进行查证确实工作量太大，虽然存在税务征收管理部门不作为等一定的现实因素，但其至少可以对积极主动进行个人所得税申报的纳税人进行应纳税额减免或通过其他方式进行激励或奖励，否则将产生不诚实的纳税人反而比诚实的纳税人缴纳的个人所得税额少却没有任何不利影响的现象，这将导致诚实的纳税人群体向不诚实的纳税人群体转移，最终结果是再也没有人愿意主动进行个人所得税申报。[②] 具体来分析，造成这种现象的原因在于

---

① 张馨予. 数字经济对增值税税收遵从的挑战与应对——欧盟增值税改革的最新进展及启示 [J]. 西部论坛，2020，30（06）：114.

② 赵永辉，李林木. 威慑机制、遵从激励与面向高收入者的最优税收执法 [J]. 当代财经，2014，351（02）：29-39.

以下两个方面的不足：一方面，国家并没有出台与个人所得税申报制度相配套的监管与激励机制，税务征收管理部门根本无法查证哪些人没有进行申报。我国现在缺乏个人收入记录、财产实名制、信息化完善管理等与个人所得税申报相配套的制度。在这种背景下，如果单位不进行应缴纳个人所得税的人员登记，那么税务机关较难依据相关制度准确查找应纳税的个人，在其不进行申报的时候也没有办法对其施以一定的制裁措施。而《个人所得税实施细则》所规定的个人主动申报制度的实施依赖于作为理性人的个人，那么作为理性人的个人在进行利弊权衡后，会发现不进行个人所得税申报根本不会产生任何违法成本，相反自己还可以少缴纳一定的税款，获得非常实际的经济利益，除非道德高尚的个人会进行个人所得税申报，大部分人的自觉性不足，导致税款缴纳根本无法得到有效保障。另一方面，个人所得税缴纳之后并没有相应的缴纳税款凭证，这也是导致个人主动申报制度无法实施的关键原因。① 个人所得税缴纳凭证不仅是其主动申报的基础依据，更是其履行纳税义务的证明，这也是国外的个人所得税申报制度良好运行的关键所在。在我国税收征管中实行的是"单项税收管理体制"，即个人所得税由单位进行代扣、代缴，纳税人仅拿到已经扣缴个人所得税之后的部分收入，大部分人对自己缴纳个人所得税的具体数额并不关心。因为这只是强制性规定，其并不会因为多缴而享受更多的利益，也不会因为少缴而承受更多的义务。个人所得税中缺乏相应完税凭证作为抵扣依据，将导致个人主动申报制度缺乏相应的激励措施，间接造成其在实际运行中存在障碍。

纳税申报制度是税收征管制度的基础性制度。但是，税务机关缺乏与互联网金融直接融资信息平台有效的信息共享机制，互联网金融直接融资的投资者，尤其是个人投资者往往基于自身利益最大化的考虑，很少主动

---

① 施正文. 论我国个人所得税法改革的功能定位与模式选择 [J]. 政法论丛，2012，147（02）：53-58.

进行纳税申报，这使得个人所得税的纳税申报制度难以落实。我国现行《税收征管法》与相关法规也未对互联网金融直接融资或同一类型的纳税人应当进行纳税申报做专门规定，同时互联网金融直接融资的"电子化"也使得个人所得税代扣代缴的工作无法开展。在互联网金融直接融资领域，如果纳税人不主动进行个人所得税申报，代扣代缴机关也不履行义务，那么税收征管的难度将不可预估。

（三）代扣代缴的法律规制障碍

代扣代缴作为税收征管制度中的另一项基础性制度，一方面可以监控分散的税源，使国家的税款征收得到保障，另一方面也可以减轻小额个人所得税纳税主体的税款缴纳程序负担，降低其逃税的可能性。根据我国现行《税收征管法》第六十九条的规定，代扣代缴义务人如果不履行其代扣代缴义务，将面临大额罚款的惩罚。① 所以代扣代缴制度目前在我国传统行业中的运行相对还是比较良好。传统金融模式中，如银行、券商、保险等金融机构都有比较完善的税务登记和固定营业地点，都能正常履行《个人所得税法》规定的代扣代缴义务，课税相对容易。

按照现行《税收征管法》，互联网金融直接融资投资所得的代扣代缴人应为股息、利息支付方——筹资者。但源于信息不透明，筹资者无法获知投资者信息，并且筹资者需要向数量庞大的投资者支付本息，因此，个人筹资者客观上无法履行代扣代缴义务。而作为各方信息汇集之处的互联网金融直接融资信息中介平台，不仅没有代扣代缴义务，也没有协助代扣代缴的义务。亦有观点认为现行税法并未赋予互联网企业法定的代扣代缴

---

① 《税收征管法》第六十九条规定："扣缴义务人应扣未扣、应收而不收税款的，由税务机关向纳税人追缴税款，对扣缴义务人处应扣未扣应收未收税款百分之五十以上三倍以下的罚款。"

义务。① 因此，互联网金融直接融资个人所得税的代扣代缴制度对代扣代缴人的权利义务设置存在很大问题。

此外，《个人所得税代扣代缴暂行办法》规定，对纳税额度较大的征税客体，税务机关要重点关注并实施代扣代缴机制。但实践中，税务机关通常只重视税收征收工作，很少主动向纳税人宣传税法知识，增强纳税人主动纳税意识，也缺乏必要的代扣代缴保障机制。

（四）税务稽查规则问题

互联网金融直接融资作为一项新兴的业务，需纳入税务稽查的范围，但是互联网金融直接融资的稽查工作才刚刚起步。由于互联网金融直接融资相对于传统金融的特殊性，导致与其相关的税务稽查工作并没有既有经验可供借鉴。为了保证互联网金融直接融资领域税务稽查工作的顺利开展，下文就互联网金融直接融资特殊性带来的税务稽查选案、实施、审理和执行四个方面的问题进行分析。

1. 选案环节问题分析

目前税务稽查选案规定了两种主要方式：人工选案和电脑选案。其实，无论是人工选案还是电脑选案都依赖于充足且真实的信息。互联网金融直接融资与传统金融使用相同的税务征管系统，在系统中可以查询到有关纳税人的登记和税款缴纳征收方面的信息，这些信息在一定程度上能够反映互联网金融直接融资涉及的投融资双方的利润状况和税负状况，但这并不能完全反映其实际的运行状况。互联网金融直接融资的投资者、筹资者很容易因隐瞒相关真实信息而逃漏税，在信息不真实的情况下税务稽查工作很难正常开展。所以，为了保证税务稽查选案的客观性和准确性，税务稽查人员或税务稽查机关必须充分采集与互联网金融直接融资相关的纳

---

① 高金平，李哲．互联网经济的税收政策与管理初探［J］．税务研究，2019，408（01）：77.

税人真实经营状况、纳税申报状况等信息,还必须掌握互联网金融直接融资中投融资双方的真实信息。此外,在信息客观真实的基础上还需要依赖信息数据管理系统的科学性和严密性。厦门市地税稽查局在 2018 年查处了一起涉及互联网金融的偷税案件。该公司采取隐瞒利息收入的手段进行偷税,在账簿上不列、少列利息收入,从而少缴流转税及附加税费。

2. 实施环节问题分析

税务机关在取证方面的权限小,直接导致互联网金融直接融资税务稽查实施工作难度较大。税务机关作为税务案件的主要举证人,在发生税务问题时取证是税务机关的主要工作和任务,税务稽查案件审理和执行都依赖于取证工作的顺利开展。本来在普通税务案件中取证就是一件非常艰巨的工作,互联网金融直接融资的取证由于其特殊性更是难上加难:一方面,纳税主体难以确定。互联网金融直接融资依托互联网环境,互联网的高速性和快捷性直接导致投资参与主体的流动性非常强,这就给税务机关准确确定和查找纳税人带来了困难。另一方面,税务稽查取证工作的开展依赖对凭证、账册和报表的审查与核实,从其中发现漏洞并获取相关证据,而且纸质证据非常容易保全。互联网金融直接融资的融资平台和投融资双方都逐渐实现电子化操作,与投融资相关的信息都是以电子数据的方式进行保存,这给税务稽查工作带来了前所未有的挑战。① 融资平台和投融资双方不仅可以通过加密或其他技术手段隐瞒相关交易信息,使税务机关无法获取相关信息,导致稽查工作无法顺利开展;还可以通过对电子数据资料进行篡改或删除,使税务机关在纳税人信息、交易内容和交易时间等案件关键信息上获取到的是虚假信息,导致其无法对案件的真实情况做出准确判断。② 此外,缺乏对纳税人协助义务的规定。③

---

① 张江洋,袁晓玲,张劲波. 基于电子商务平台的互联网金融模式研究 [J]. 上海经济研究,2015,320(05):7.
② 梁俊娇. 电子商务之税务稽查证据的真实性与合法性 [J]. 税务研究,2013,333(02):85-86.
③ 熊湘怡. 我国税收检查制度的重申与重构 [J]. 税务研究,2019,413(06):69.

3. 审理环节问题分析

互联网金融直接融资税务案件审理存在的主要问题是：一方面，审查部门无法监督实施部门的稽查工作。我国把税务案件稽查工作分为四个阶段的主要目的是使各个环节的执行机关相互监督、互相制衡，但是前文也提到互联网金融直接融资的取证工作非常难开展，不但取证部门取证的真实性、准确性无法保证，而且要求并没有实际进行取证工作的审理部门监督取证部门的工作更是不可能，这就无法保证审理工作的顺利开展，因为证据的不真实不准确，带来的审理结果必然也是不公正的。① 另一方面，就我国的国情来看，审理部门对案件审理的客观性和公正性有待提升。缺乏固定的处罚标准，审理部门对案件的自由裁量权相当大，对某个主体是否处罚以及处罚的程度，完全取决于审理部门获取的不完整信息或受其他非案件因素的影响，互联网金融直接融资投资者和筹资者的合法利益无法得到切实保障。

4. 执行环节问题分析

互联网金融直接融资对执行环节造成的影响如下：首先，非个人投、融资主体多头开户，逃避执行。企业参与互联网金融直接融资时，不将全部账号上报税务机关。有些投资者或筹资者本身就只有个人账户，当融资成功后融资平台直接将资金转入筹资者的个人账户，而按照我国现行税收征管法的相关规定，税务机关对个人账户并没有查封权限，这就直接导致互联网金融直接融资的应纳税款无法通过查封手段得到保障。其次，税收保全难以执行。当纳税人不缴纳应纳税款时，税务机关可以对纳税人的财产进行保全，直至其完税。但是互联网金融直接融资的现实情况是筹资者只需向融资平台提出申请便可以改变注册地，而融资信息中介平台对其注册地更改真实性进行审查，完全可以通过虚假注册地逃避税务机关的查找。当筹资者不依法缴纳应纳税款，税务机关需要通过税收保全确保税款

---

① 陈光中，郭志媛. 非法证据排除规则实施若干问题研究——以实证调查为视角 [J]. 法学杂志，2014，35（09）：14-16.

缴纳时，会因为无法准确查找纳税人的实际注册地而无法对其财产实施保全。再次，执行程序效率低下导致执行工作无法正常开展。① 按照《税务稽查工作规程》中的相关规定，在税务机关的稽查部门将相关的选案、取证工作完成以后，再将相关的证据和其对案情的预判交给税务机关的审理部门，审理部门在经过复查和按照相关规定确定处罚程度以后再做出稽查审理决定书以及行政处罚决定书，而这个过程的及时性根本得不到保障，从稽查工作完成到处罚决定书的出具长达一个月都是司空见惯的。也许在传统行业这个过程并不会带来过多的变化，但是在互联网金融直接融资领域，互联网技术带来的隐蔽性和快速性直接导致税务机关在准备执行处罚决定书时，应纳税款的投资者和筹资者信息可能已经灭失，在信息不真实的情况下根本无法查找，这不仅导致税务稽查工作前面的执法成本沉没，也导致国家税款由于执行效率低下而流失。

二、互联网金融直接融资发票、凭证管理制度相对滞后

在我国社会信用体系逐步健全的社会背景下，"以票控税是税务机关利用发票的特殊功能，强化税源监控促进税收征管目标实现的重要手段"②。从国内看，我国已基本具备构建"开放金融模式"的现实基础条件③，传统的"以票控税"方式不适应互联网金融涉税处理，企业凭票抵扣在实际操作中存在难度，加大了税务机关以票控税的难度。④ 为此，需要分析互联网金融直接融资信息中介平台所存在的"以票控税"的信息采集难题。

---

① 刘彦霞. 中国税务学会《税收征管法》修订研讨会综述［J］. 税务研究，2014，358（12）：86-90.

② 李静敏. 对我国税源监控信息化建设的思考［J］. 生产力研究，2011，227（06）：59.

③ 本刊编辑部. 金融改革发展建言录——两会经济金融界部分代表委员谈金融［J］. 中国金融，2022，972（06）：20.

④ 唐士亚. 论互联网金融税收的规范形式实现［J］. 税务与经济，2018，218（03）：5.

（一）"以票控税"不符合互联网金融直接融资的运营本质

商品生产和服务提供构成了生产经营活动的主要内容。生产经营活动的参与者即纳税人在销售或购买商品、提供或接受服务过程中的收款或付款的直接凭证是发票，税务机关对纳税人生产经营活动中税源的控管是通过其提供的发票来进行的，也就是通常所说的"以票控税"。互联网金融直接融资在本质上是通过独立运行的金融权益交易实现资本增值的既定目标，这就造成了互联网金融直接融资与传统生产经营活动在环节、对象和方式上的诸多差异，"使互联网金融业务模式呈多元化发展态势"①。

按照现行互联网金融直接融资的运行分析，其资本交易的各个环节较少涉及税务机关提供的发票，所以在互联网金融直接融资环节很难发挥"以票控税"的功能。互联网金融直接融资的对象按照法律关系可分为股权、债权等类型；按照商品种类可分为网络借贷产品、网络借贷债权转让产品、股权融资产品、股权融资转让产品等类型。因此，互联网金融直接融资中所进行的交易已经超越发票管理范畴。

以股权预期收益权交易为例，目前公募股权众筹融资、互联网非公开股权融资与风险投资领域的退出模式相比，并不存在任何实质上的不同，它们共同主要的退出模式有：基金接盘与清算、管理层回购、收购兼并以及公开上市四种机制。但这些退出机制都无法解决股权融资回报周期过长的问题。为解决这一问题，途融网等互联网非公开股权融资平台与项目筹资者共同商定，在项目盈利达到一定条件后，在特定期间，项目筹资者可与投资者约定，投资者可将其拥有的互联网非公开股权融资的有限合伙制基金股权的预期收益权通过众筹融资平台向其他适格投资人转让。相反，筹资者的项目如果无法达到约定条件，投资者将获得更多项目股份或额外补偿款项。这实质是互联网非公开股权融资"对赌协议"的应用。"对赌

---

① 李有星，陈飞，金幼芳. 互联网金融监管的探析［J］. 浙江大学学报（人文社会科学版），2014，44（04）：90.

协议"主要针对市场中未来企业的价值不确定而无法做出准确估值的调整机制：如果企业的价值被低估，那么筹资者可以行使约定的权利补偿之前的损失；如果企业的价值被高估，那么投资者就可以行使约定的权利补偿之前的损失。[①] 对赌协议由投资者和作为筹资者的企业签订，可以很好地促进互联网金融直接融资的发展。

股权的预期收益权转让，是在互联网非公开股权融资有限合伙制基金的领投人、跟投人不变且不影响跟投人继续享有有限合伙制基金其他权利的前提下，由跟投人仅将其在互联网非公开股权融资有限合伙制基金中享有的股权的预期收益权，以双方约定的价格转让给受让方。受让方除享有跟投人在该基金中约定的收益权外，也享有跟投人在该基金中所拥有的知情权。因为受让人的收益权会因有限合伙制基金进行基金财产分割、基金担保、项目投资调整、收益等事宜而受到影响，甚至无法实现其预期收益。因此，互联网非公开股权融资平台、互联网非公开股权融资的有限合伙制基金领投人、跟投人均有义务告知受让人上述任何信息。

项目筹资者与跟投人之所以约定股权预期收益权转让项目收益。首先，众筹项目投资者不仅看重企业项目的盈利能力，也重视自身参与企业项目产品开发的互动体验。[②] 由于众筹项目的投资者群体庞大，但投资者的出资额度很小，因此，在"一股一票"表决原则下，单个投资者对企业项目运营决策影响力有限，这使其更重视项目产品的体验过程。其次，在众筹融资平台成员间进行股权预期收益的转让成本很低。跟投人转让其股权预期收益权，可以将众筹项目的所有经营和财务信息作为参考，将该权益的价值评估报告通过众筹融资平台向平台成员公布，平台成员获取相关信息非常便利。并且，跟投人转让的仅是一定期限内的股权收益权，并未转让股权的所有权，因此，不需要征询有限合伙基金领投人与其他跟投人

---

① 杨明宇. 私募股权投资中对赌协议性质与合法性探析——兼评海富投资案 [J]. 证券市场导报，2014，259（02）：62.

② 余涛. 众筹规制探究——一个规范分析的路径 [J]. 证券市场导报，2015，272（03）：12.

的意见，也不需变更合伙协议的内容。只要跟投人、受让方与平台达成一定期限内股权收益权转让协议，即可完成转让协议的备案与股权预期收益权变更行为。最后，对受让方而言，虽然其只享有股权的预期收益权，但在持有该权利期间，跟投人有义务配合受让方，在有限合伙基金内表达受让方建议，使其获得合法的股权收益。

互联网非公开股权预期收益权由税务机关之外的其他机关进行确认，而且股权交易通过交易双方的协议确定价格，交易方条件不同带来的股权价格不同，因此根本无法通过比较确定一个相对公平合理的股权价格。所以传统经营活动中发票发挥的权属关系确定、交易价格认定等作用在股权交易中无法得到正常发挥，即发票管理在股权交易中无法施行。在传统经营活动中运行良好的"以票控税"难以实现税务机关在股权交易领域的税源控管。如果沿用传统"以票控税"体系，税务机关需要向大量分散、独立个人征收额度较小的税款，显著增加征税成本。[①]

（二）"电子化"削弱"以票控税"涉税信息采集机制功能

传统经营活动中的税收征管通过对凭证、账册以及报表等有形数据资料的真实性、有效性和合法性进行审查核实，实现税款的征收。[②] 然而，互联网金融直接融资信息中介平台所实行的是电子化的操作，互联网金融直接融资信息平台提供给投资者、筹资者的服务合同以电子凭证的形式存在。数字信息记载着互联网金融直接融资相关的凭证、账册和报表，互联网金融直接融资中的数字信息使税源监控缺乏类似传统金融活动中纸质凭证的实物对象，这不仅给税务检查中的证据采集造成困境，也造成税款征收无法找到有效真实的凭证。而且，互联网金融直接融资还具有快捷性、直接性、隐匿性、保密性等特点，导致电子数据的传递存在因安全隐患被修改的

---

① 钟鸣.欧盟数字平台监管的先进经验及我国的战略选择［J］.经济体制改革，2021，230（05）：168.

② 陈凯.虚拟货币交易征税问题的探索［J］.税务研究，2012，330（11）：82.

风险，这一方面容易促使源泉扣缴的控管手段失灵，另一方面还会导致纳税人通过技术手段实现避税，使税务机关的税款征收工作无法顺利开展。质言之，会导致传统"以票控税"征管模式失效或难以实施有效的管控。①

互联网金融直接融资引发的发票税控功能问题主要表现在两个方面：一是主观上的障碍，二是客观上即制度上的不适应。

主观上的障碍主要有：互联网金融直接融资平台财务人员故意不向筹资者、投资者开具中介服务费增值税发票或普通发票，并且财务人员存在修改发票真实信息的情况；筹资者不向投资者提供产品或服务的发票；投资者几乎没有向互联网金融直接融资平台与筹资者主动索要发票的意识。互联网金融直接融资行业不开票、少开票的现象导致了"以票控税"涉税信息采集机制功能的发挥极为困难。② 因此，需要从筹资者、投资者、互联网融资信息中介平台等角度分析才能较为全面地进行解释。

首先，互联网金融直接融资的三种主要类型中，主要以小额交易领域为主，也有股权众筹领域中的大额交易，在这些领域中通常都不会给投资者开具发票。由于线上模式的数字信息化交易以及远程交易等特殊交易方式直接导致线上模式开具发票不具有现实可操作性。例如发票需要申报经营类型，而互联网金融直接融资无法事先准确确定资金的投资领域；又如互联网金融直接融资的虚拟性造成无法确定开具发票的税务机关，也无法实现发票的交付等。③ 此外，我国当前与互联网金融直接相关的税法法律制度缺位，也间接造成线上交易模式中不开具发票的现象愈加严重。而线下模式中也几乎没有互联网金融直接融资平台给投资者开具发票，这一方面由于我国互联网金融直接融资相关的税法法律制度缺位，另一方面也和

---

① 国家税务总局西安市税务局课题组，黄树民，姚轩鸽，等. 平台经济与税收政策互动机理及其因应对策研究［J］. 税收经济研究，2022，27（01）：42.

② 李建军，张雨晨. 众筹与小微经济体融资的匹配性——基于信息搜寻的视角［J］. 河北经贸大学学报，2014，35（06）：114.

③ 蔡磊. 电子发票理论与实践［M］. 北京：中国财政经济出版社，2014：125.

我国长期存在的纳税人缺乏纳税意识不无关系。① 依托于互联网平台的各种经济业务脱离了税务机关的监管，业务真实性难以识别，以票控税管理出现真空地带，监管能力不足导致平台经济虚开发票问题频发。② 这已经伴随着互联网金融直接融资的起始阶段，如果不加治理，可能还将持续伴随互联网金融直接融资的发展，给税收征管工作造成的困难不堪设想。其次，互联网金融直接融资中投资者群体的个体性、流动性及分散性，直接造成融资平台缺乏协助税收机关"以票控税"的利益驱动机制，也就是说融资平台在没有利益回报的前提下不可能主动给投资者开具发票。而且互联网金融直接融资的投资者大多数金融知识匮乏、风险识别能力较弱，融资平台并不会对其投入过多的成本，包括开具发票的成本，这就造成了现实经济生活中互联网金融直接融资的筹资者和投资者都缺乏开具发票的现实需求。最后，融资平台呈现出亏损或盈利低的表象，给融资平台不开具发票带来法律上的正当理由。例如互联网金融直接融资市场中各个融资平台竞争激烈，为了吸引筹资者和投资者，实现利益最大化的目标，融资平台在实际操作中会以奖励等方式吸引投资者，并将奖励支出列入广告费支出。虽然这是一种正常的营销策略，但税收征管上广告费支出是可以不开具发票的，这就导致现实市场不开具发票成为常态。此外，平台经济实质上是利用网络平台充当"掮客"或"媒介"，突破实体空间区域限制来从事中介业务或其他收费服务，依靠收取提成、佣金手续费、信息费、广告费，以及地方财政税收返还和奖补等形式取得收入。因此，税务机关应当在加强税收征管的基础上调整税收法律制度，使其达到更加高一层级和更加远视的目标。在税收征管上需要扩大税源，使各个应纳税主体依法纳税，增加国家税收收入，这是税收征管最基本的目标。但税收征管更应当

---

① 皮天雷，赵铁. 互联网金融：逻辑、比较与机制 [J]. 中国经济问题，2014，285（04）：99.

② 崔志坤，李菁菁，杜浩. 平台经济税收管理问题：认识、挑战及应对 [J]. 税务研究，2021，441（10）：62-68.

关注通过税收征管制度的完善实现公共财产增值与资源合理配置，达到短期税收收入充足和长期税源维持稳定之间的良性互动。

税务机关实现"以票控税"的工具和手段是发票，发票直接指代着款项，而款项是经济交易中付款与收款的结算过程和结果。① 这样的逻辑演进在传统经济活动中实现了税务机关的"以票控税"目标，但这是基于传统经济活动中付款与收款的及时性带来的征纳信息的完整性与真实性。但在互联网金融直接融资模式下，互联网的高速性和快捷性带来了传统金融的根本性变革，面对面交易模式的消失以及远程融资平台交易的出现，使得传统经济生活中的收款和付款出现延迟性，而这种延迟性在给筹资者和投资者带来便捷与高收益的同时，也带来了不可预期的高风险。所以，税务机关在互联网金融直接融资模式中实现"以票控税"的目标面临着新的挑战。

这种挑战出现的根本原因在于互联网金融直接融资中资金收取和提供服务的主体及其时空都面临着分离的可能。一般来说，在线下模式中，平台会尽量让投资者与筹资者在同一时空下完成付款与开票行为，筹资者收到投资者款项后或投资者收到筹资者利息后，平台会分别给投、筹资者开具一定金额的发票。但在线上模式中，这种"收付"习惯被打破。首先，投资者直接在网上将款项支付给平台或第三方托管，获得能够定量的预期收益，但通常投资者付款与到账并不是立即衔接完成。其次，资金流活动实际时间通常较长，筹资者向平台支付一定价款到取得在该平台发布融资信息权利存在一个相对较长的时间。按照现行制度，筹资者可以在此期间过程中开展借款活动，而服务费即融资平台的劳务费在之前就已经支付，依据市场习惯，筹资者在付款时就有资格要求融资平台开具发票。但现实的情况是，融资平台通常要求筹资者只有在实际借款完成后才可以提出开具发票的要求，这就人为地导致收款方与开票方主体不一致的现象。此外，投资者将平台以赠送形式获取的资金在平台进行投资时，平台在融资

---

① 倪天林. 论信息化税收征管模式的建立与完善 [J]. 经济经纬，2006，23（01）：128.

标的安排上，往往会将其拆分成若干小额标的供投资者选择，当每一小额标的满标后，即将款项转移给筹资者，但若标的无法满标，已支付的款项会在一定时间内滞留在平台往来账上，此时，投资者不可能从融资平台处获得发票。究其原因在于，为了吸引筹资者，融资平台可以提供分期结算机制，投资者有可能已经通过融资平台进行投资，而筹资者并没有实际收到资金，所以融资平台并不会为投资者开具发票。虽然投资者已经付款，但融资平台并未实际收款，他不可能为还没有"实际"完成的交易付出发票成本。平台的分期付款带来的付款与收款的可分离性直接导致"以票控税"在互联网金融直接融资中无法得到落实。可见，虽然互联网金融直接融资以资金流转时间短、主体少、程序简便而著称，但实际情况则是时间并不确定、流转主体多、流转程序相对复杂，导致互联网金融直接融资平台在会计核算中"权责发生"与"收付时间"出现不一致的现象。也使得税收征管上"以票控税"的正当性受到怀疑。

事实上，根据《企业会计准则》（2014 年修订版）中的规定，企业会计的确认和计量等工作不应当以收付时间作为基本依据，而应当遵从权责发生的时间，也就是说当期已经实际发生的收入或费用，都应当被列入当期的收入或费用，而不管实际中是否真实完成付款或收款。这是避免"权责发生"和"收付时间"冲突最简单有效的方法。应用到互联网金融直接融资领域，只要融资信息中介平台已经为筹资者和投资者提供相关的信息服务，便与筹资者和投资者之间产生了债权债务关系。无论款项是否实际收付，都应当列为当期收入，为当期收入的付款方提供发票。也就是说，税收征管中的"以票控税"在互联网金融直接融资中仍然存在不可忽视的正当性，只是由于融资平台的不当操作导致其正当性受到怀疑。

客观上的障碍主要是制度上的不适应。现有制度的设计存在导致不公平或不合理市场竞争秩序的可能性，而制度执行者以其权力优势为手段突破现有合理制度规定，实现高额税收收益也是导致不公平或不合理市场竞争秩序的重要原因之一。纳税主体为了维护自身的合法权益达到收益最大化，极有可能采取与现有不合理制度设计或制度执行直接对抗的方式。而不同纳税主体对"以票控税"的制度设计表现出的不适应程度存在着差别。

从纳税主体角度看，按照我国发票税控主体功能的差别可将其分为普通税控和增值税控两种基本类型。而基于增值税与普通税在对象、流程、税率等方面的不同，增值税发票与普通税务发票的功能也就存在非常直观的差别。按照我国现行税法的相关规定，增值税的纳税人基于税负的区别又可分为小规模纳税人和一般纳税人。互联网金融直接融资平台财务报告的主要使用者是金融监管机关、税务机关等政府部门，其财务处理因缺乏明确会计准则依据，财务处理较为混乱。规模较小的平台多以内外账形式进行财务处理。多数财务人员希望能够按照相关会计准则进行会计核算，但由于项目支出思路不清，常采用"跑、冒、滴、漏"策略，收入不入账、少入账或缓入账；将收入列作投资款或业主经理借款而使其"阳光化"等手段，以致出现增值税零申报情况。按照现行税收征管制度，小规模纳税人和一般纳税人适用不同税率的增值税专用发票，导致相同的互联网金融直接融资纳税人在税款缴纳和抵扣上的严重不公平，这也就人为地造成了互联网金融直接融资市场的竞争不公平。

我国的现实国情是，增值税纳税主体存在非普遍性现象，经济交易主体对增值税发票的需求又呈现出普遍性需求，增值税纳税主体与非增值税纳税主体之间的交易越来越频繁。纳税主体与市场需求之间出现非普遍性与普遍性之间的严重冲突，这在增值税发票上就造成增值税纳税主体与非增值税纳税主体开始突破制度的限制而仅考虑是否符合利益最大化的目标。①

从监管者的角度进行分析，税收征管"以票控税"的目的无法实现的另一个重要原因就是税收征管机关利用权力不断突破现有税收征管制度的原则性规定。目前世界主要国家和地区为了达到税收公平的目的，在税收征管过程中都普遍按照"量能负担"原则进行税款征收，也就是说纳税人

---

① 余丹．"特权"超权力的本质及其宪政制约——基于发票税控功能制度性失控的思考 [J]．财经问题研究，2013，353（04）：86．

的应纳税额无论出于何种原因都不能比其正常盈利数额还多，否则就会出现纳税人税收负担过重，经营活动根本无法正常开展的现象出现，而为了维持生计，纳税人只能被迫采取违法方式突破不合理的制度性规定。这就是税收监管者的制度不当执行给纳税人带来的制度不适应现象。

（三）互联网金融直接融资平台的会计准则不明晰导致账簿信息失真

2015 年中国人民银行十部委在下发《关于促进互联网金融健康发展的指导意见》中认为，个体互联网金融直接融资必须要发挥平台在融资过程中的平台作用，在筹资者和投资者之间实现信息交换、信用评估、资金流动等良好运转。平台必须坚守信息中介位置，只能为筹资者和投资者之间的直接融资提供信息中介服务，既不能提供征信服务，更不能协助筹资者达到非法集资的目的。实际上，互联网金融直接融资平台也极力将自己定位为非金融机构，原因有二：第一，平台几乎不存在法律上的准入门槛限制，因此，相关制度存在大量空白；其二，将平台纳入金融监管层面，平台如何接受监管也是十分模糊的问题。

在缺乏明确的会计制度情况下，大量平台成立设置账套时会将一般行业专用术语增加到相应科目下，如主营业务收入下设二级明细（服务费收入、利息管理费收入、提现手续费收入、充值手续费收入、VIP 会员费收入、逾期费收入等），管理费用、销售费用下设推广费、奖励支出等。如前所述，在金融服务的过程中，对风险的控制是其核心内容。企业运作模式的不同为风险控制的要求以及模式都带来了直接的影响，平台会计体系的工作就是对该风险进行控制，但平台设置账套的选择会明显降低会计制度控制风险的水平。

世界上大多数国家对小微企业范围的界定标准基本上都是从管理角度出发，都选择了定量的标准。目前各个国家和地区在经济生活中都使用小微企业的称谓来指代中型和小型企业，将其在量上归为一类。政府或管理部门之所以会对小微企业做出分类界定，是出于制定有利于小微企业发展的宏观经济政策和相关管理制度的考虑。① 因此，大量互联网金融直接融资平台先界定为一般行业的小微企业，然后适用小微企业会计制度。然而，平台被界定为一般行业的小微企业是否妥当？首先，按照我国目前的行业分类办法，包括 20 门类和 98 个大类。涉及直接行业划分的法规——《小微企业标准暂行规定》却仅将经济生活中的行业划分为五类，这种分类方式根本没有反应各个行业的特殊性，仅是非常粗糙地做出简单分类，不足以指导现实经济生活。② 平台到底属于一般行业服务咨询机构、高科技企业或是其他具有金融性质的小企业，目前没有定论。其次，对平台的小微企业身份界定并没有涉及其可能承担的公众责任或义务。大平台虽然自身规模很小，但涉及的资金量巨大、投资者数量众多、地域非常广泛，一旦出现"跑路"现象，社会负面影响极大。作为"公众实体"，我国互联网金融直接融资平台比国外相同平台对普通投资者负有更大的责任与义务。我国政府一直以来都肩负着强化企业社会责任意识并加强监管的责任，其也确实为此采取了多种措施。但是，我国政府当前的核心任务是加强经济建设，这就使我国出现了许多不正常的经济政治现象，例如忽视经济增长效率一味追求经济增长速度、经济增长成为官员考核指标、个人寻租现象比比皆是等等，这些现象的原因和后果都可以归结为政府不当地承担了本应由企业承担的义务，并将此项义务转化为政府和官员的主要职责。所以在我国，地方政府既是企业社会责任的监管对象，同时也是企业社会责任的监管主体，政府既当运动员又当裁判员，其监管动力和客观性受到严重怀疑。加之，在企业会计制度与企业会计准则并存条件下，平台会倾向于选择标准较低者适用，反而弱化其所应当承担的社会责任。③

---

① 刘永泽，孙光国．中小企业会计准则的适用范围界定问题研究［J］．会计研究，2007，241（11）：10.

② 刘庆飞．论"中小企业"的立法界定标准——从比较法的视角［J］．河北法学，2012，30（03）：102.

③ 杨春方．中小企业社会责任缺失的非道德解读——资源基础与背景依赖的视角［J］．江西财经大学学报，2015，97（01）：34.

以前对会计准则的理解就是提供客观真实的数据信息，这是对会计准则功能十分片面的理解。而实际的情况是，会计准则不仅要反映某个行业的信息，还能够对财务决策产生不可忽视的影响。① 随着会计信息使用者需求的不断变化，提供有利于决策的非财务信息也将成为会计报告的一项内容，② 因此，在会计准则的制定过程中就不得不分析其为财务决策所带来的影响，即财务报告给经营者的经营行为、政府的监管决策、投资者的投资导向、债权人的债务清偿可能性带来的影响，甚至还需要进一步分析财务报告对整体经济运行和社会秩序造成的影响。

三、互联网金融直接融资涉税信息共享机制欠缺

税务机关获取互联网金融直接融资涉税信息的渠道在相关法律规范的支撑下可以分为五类：一是通过税务登记的方式来获取有关纳税人的基本信息；二是通过对从事生产经营的纳税人、扣缴义务人的账簿与凭证的管理来核算纳税人的应纳税额大小；三是以纳税人、扣缴义务人的主动纳税申报为途径呈报相关的涉税信息；四是有关部门和单位通过涉税信息的报送为税务机关提供相关涉税信息；五是通过征税机关主动进行税务检查的方式来调取有关涉税信息。

互联网金融直接融资涉税信息以纸质或电子文件作为载体，记载了参与主体的身份、财务及其他相关各类信息。从信息拥有者角度分析，投资者、筹资者各自拥有自身的信息，互联网金融直接融资信息中介平台将投资者与筹资者双方的身份信息以及交易信息储存在平台服务器中。

税务机关必须分别从筹资者、投资者和信息中介平台通过五个渠道获取互联网金融直接融资全部涉税信息，但这五个渠道都无法完全发挥其涉

---

① 张先治，于悦. 会计准则变革、企业财务行为与经济发展的传导效应和循环机理 [J]. 会计研究，2013，312（10）：3.

② 刘光军，彭韶兵，王浩. 网络经济环境对会计理论的影响研究 [J]. 财会月刊，2016，773（25）：3.

税信息采集作用，主要原因在于涉税信息采集渠道单一，彼此间没有形成交互关联的信息印证体系，尤其欠缺第三方涉税信息共享机制。虽然税收征管法已明确规定第三方主体有涉税信息的共享权利与报送义务，但共享权限、程序、权利义务、法律责任等基本问题却由部门规章规范，无法真正推动涉税信息共享机制落实。《税收征管法》涉税信息共享机制的规定依然存在内容宽泛、条文分散、约束力不高、操作性不强等缺陷。

作为理性主体，没有一方参与主体愿意向税务机关提供其掌握的所有涉税信息。《税收征管法》只赋予了税务机关基本的查账权限，涉税信息共享机制欠缺导致税务机关与投资者、筹资者以及信息中介平台间存在着涉税信息不对称问题，这使税务机关无法实时掌握互联网金融直接融资参与主体间频繁的交易信息。

互联网金融直接融资三种融资模式的涉税信息不对称程度有所不同，税务机关对各种模式的涉税信息共享需求度也各不相同。互联网非公开股权融资有限合伙基金模式的投资者与筹资者都是企业，税务登记是必经程序，税务机关能够通过税务登记采集到投资者与筹资者的基本注册信息。投资者因进行了股权投资行为，需要就其股权所得进行申报，并提交合伙企业真实账簿和凭证。因此，一般在互联网非公开股权融资有限合伙基金模式中税务机关能够获取较充足的信息，信息不对称程度最小，对涉税信息共享需求也最小。奖励型众筹融资的筹资者也通常是企业，必须进行税务登记、纳税申报、代扣代缴等程序。但个人投资者却是税务机关的监管盲区，在某些奖励型众筹项目中，税务机关无法获得足够的纳税人信息，与投资者的信息不对称度较大，需要信息中介平台与筹资者企业的信息共享。互联网金融直接融资的投资者与筹资者虽然都是个人注册用户，但实质存在进行了税务登记的个体工商户和没有税务登记的个人。税务机关难以通过税务登记、纳税申报等程序获取互联网金融直接融资参与主体的真实交易信息，涉税信息不对称度最大，对信息中介平台的信息共享需求也最大。

第二章

互联网金融直接融资税收征管法律规制理论基础

　　互联网金融直接融资作为一种新型的金融模式，难以被现行的税收征管法律制度框架涵盖在内，这直接造成了互联网金融直接融资税收征管过程中的制度障碍。这不仅与互联网金融直接融资税收征管制度滞后相关，也是互联网金融直接融资税收征管法律规制理论欠缺的原因。虽然互联网金融直接融资税收征管的法律规制理论基础与一般意义上的税收征管法律规制理论基础基本一致，但互联网金融直接融资的虚拟化、网络化使得互联网金融直接融资的税收征管更具信息化特点，故对互联网金融直接融资税收征管法律规制理论基础进行分析时，应重视其特殊性。

第一节　互联网金融直接融资税收征管法律规制的本体论

　　无论是哲学家还是法学家，都将本体论视为价值论的依据，即法的本体和价值是法律事实和现实生活的抽象表现。法的本体论是法律事实的存在根源，通过描述法律事实的存在与表现，展示法的实质。"本体论论证中的'法律现实'图像是一个设备齐全的法律世界。"① 马克思主义法的本体论认为，法的本体是一定的社会物质生产关系，法的本质是统治阶级

---

① 丹尼斯·M.帕森特.法律与真理［M］.陈锐，译.北京：中国法制出版社，2007：291.

意志的体现，法的内核——权利与义务、权力与职责及其相互关系以及法律责任是法的本体及其存在的方式。

一、税收债务关系理论

税收债务关系理论，是由税收法律关系性质而发展演化出的一种受到较多认同的、解释税收性质的理论。在德国，国库以金钱方式施以处罚，对特定财产申明放弃以及对新财产的所有权等方面拥有绝对的权利。国家的概念可以一分为二，作为私法人的国库可以代表国家行使相关权利，但既然是权利就必然受到民事法律规范的约束，其"私"的性质导致无法获得民事法律规范的豁免；作为公法人的国家机关代表国家行使相关权力，而权力意味着绝对的命令，以及受命者必须强制执行，权力可以不受民事法律规范的约束，当然享有民事法律规范的豁免权。[1] 国家基于公法人的地位命令市民主体必须履行纳税义务，对于纳税义务，纳税人只能执行而没有可以提起民事诉讼的权利，这是国家为保证国家收入而强制收取的运营资金；[2] 国家在税款收取以后则将税款划归国库进行处理，此时就通过国家在国库和纳税人之间建立了民事合同关系，国库在获取税收利益之后承担向纳税人进行补偿的义务，尽管此时的补偿义务并不是通过金钱，而是通过提供公共服务或其他方式进行有效补偿，但此时纳税人可以就此项民事合同关系提起民事诉讼要求权利保护。[3]

从国库理论演进发展来的税收债务关系理论，借用民事法律权利义务的关系解释税收法律关系，使国家、国库和纳税人三者的关系得到了一定程度的厘清。但是也有许多学者并不赞成这种理论，例如德国行政法之

---

① 金可可，胡坚明．不完全行为能力人侵权责任构成之检讨［J］．法学研究，2012，34（05）：104．

② 闫海．公法之债的理论发展与实践意义［J］．辽宁省社会主义学院学报，2014，60（03）：123．

③ 柳砚涛．论行政诉讼中的利害关系——以原告与第三人资格界分为中心［J］．政法论丛，2015，165（02）：42．

父——奥托·迈耶（Otto Mayer）就指出将本来作为一体的国家，人为划分为国家机关和国库的做法并不恰当，这只会导致实践中需要解释和处理的法律关系增加，而且每一种法律关系的应对方法不可能完全通用，例如作为公法人的国家与作为私法人的国家关系如何处理？作为公法人的国家与作为私法人的国家在共同面对纳税人时该如何定位？不同纳税人之间的权利义务如何进行均衡与协调？税收债务关系理论只是解决了作为公法人的国家与纳税人以及作为私法人的国家与纳税人之间关系协调的两种特殊情况，但这种理论所带来的大量法律关系在实践中其实并没有办法做出解释与处理，其所带来的麻烦远远大于所能解决的问题。基于此，奥托·迈耶提出了税收法律关系只能按照行政法律关系做出解释才是最恰当的方式，税收是国家依据国家权力对市民主体财产的"剥夺"，市民主体除了服从并无其他途径可供选择。税收法律关系在本质上应当归属于行政法律关系，以法律关系演进过程可以进行很好的说明，税收法律关系的演进逻辑为：首先有税收法律的制定，其次由国家做出征税决定，然后由国家进行税款征收，最后对不依法缴纳税款的纳税人进行惩罚；行政法律关系的演进逻辑为：首先由国家制定行政法律法规，其次由国家机关做出行政决定，然后按照相关规定执行该行政决定，最后对拒不执行行政决定的主体施以惩罚。可见税收法律关系与行政法律关系之间的逻辑演进过程完全吻合，而行政法律关系先于税收法律关系产生，对其可以进行很好的指导，所以我们说税收法律关系可以作为行政法律关系中的一种特殊类型，其本质上仍然应当定性为行政法律关系。但这种将税收法律关系作为行政法律关系的观点并未长久延续下来，经过 1919 年《德国租税通则》的颁布及各大法学家的辩论，税收法律关系作为一种债务关系的观点再次得到学界的普遍认同。《德国租税通则》中明确规定只要在法律上的课税要件已经齐备，那么就已经成立了税收债务关系，即使税额暂时还未确定也不影响该债务关系的成立。《德国租税通则》明确指出税收债务关系的成立区别于税收债务关系的确定，即使内容尚未完全确定但不影响债务关系的成立，第一次在规定中明文指出应当用债务关系解释税收，使税收债务关系得到国家的认可。著名学者亨泽尔明确提出私法上的债权债务关系可以用于解释税收法律关系，只是税收法律关系具有公法的性质，但并没有规定禁止在公法中出现债权与债务，所以行政权力的参与只能作为税收债务关系成立的充分条件而不能成为其必要条件。自此之后，税收债务关系得到了学界相当部分学者的赞同与支持。①

日本学者金子宏指出将税收法律关系定性为行政法律关系或债务法律关系并没有对错之分，只是两种定性所处的角度不同，所重点调整的关系之间也存在差别。将税收法律关系定性为行政法律关系主要是基于国家的立场重点考虑税款征收，而将其定性为债务法律关系主要是基于纳税人的立场重点关注税款缴纳。金子宏提出了纳税人向国家支付一定量的金钱也就是应纳税额是税收法律关系中最主要的内容，所以将税收法律关系定性为债务关系可以使国家的税款征收得到公法原则和私法原则的双重支持。②但同时金子宏也指出，若简单地将税收关系定性为行政法律关系或债务法律关系并不能满足解决实际问题的需要，因为税收法律关系并不是一种单一关系，例如税收行政法律关系可用于解决税款缴纳和征收方面的问题，而税收债务关系可用于解决应纳税款的产生、继承和灭失等相关问题。只有二者结合共同发挥作用才能推动税收关系的良好运行。

日本学者北野弘久也指出，虽然许多学者强调税收行政法律关系和税收债务法律关系之间存在着根本性差异，但二者仍然可以在各自解释的范围内达到功能互补。众所周知，税收实体法律关系和税收程序法律关系共同构成了完整的税收法律关系，而其中税收实体法律关系只是涉及国家和纳税人之间应纳税款的确定等内容，只与债权债务关系发生关联。将税收实体法上的法律关系定性为公法上的债权债务可以较好地解释其内在法律

---

① 夏冬泓，盛先科，蒋辉宇.经济法视角下财税权体系的重构［J］.上海交通大学学报（哲学社会科学版），2014，22（01）：55-64.

② 王肃元.论我国纳税人税收退还请求权［J］.兰州大学学报（社会科学版），2010，38（05）：121-128.

关系的性质，因为这种分析方法既使得税收实体法律关系区别于行政法律关系，脱离了行政法上的权力内容，又将私法上的债权债务关系内容借鉴过来解决公法上的法律关系，可以使纳税人的权利得到最基本的保障。在法治国家中，法律的地位高于国家权力，国家权力也需要受到法律的规范和制约，当国家权力运用不当损害了个人的基础性权利时，个人可以依据法律要求对国家权力进行限制，恢复自身的权利内容。① 不管在税收实体法律关系还是税收程序法律关系中，如果以行政法律关系定位税收法律关系，那么将会导致法律仅关注国家的征税权，这种征税权本质上是一种权力，那么就会产生纳税人的基本权利根本得不到重视和保障的严重后果。但如果运用债务法律关系定位税收法律关系，那么情况就会大不相同了。根据债权债务关系，国家处于债权人的地位，纳税人处于债务人的地位，纳税人对国家负有缴纳应纳税款的义务，这是其必须履行的义务。但是国家和纳税人在法律关系中的地位是平等的，国家只能请求纳税人缴纳应纳税款，在纳税人不缴纳时其可以采取一定的措施，但国家没有任何理由侵犯纳税人的人身权和财产权。也就是说，国家作为债权人享有一定的权利，但也必须履行一定的义务，国家义务的履行使得纳税人的基本权利可以得到保障。

国内学者同样对税收法律关系究竟是行政法律关系还是债务法律关系没有形成一致意见。有的学者明确指出权力关系说应当指导对税收法律关系的定性，也就是说税收法律关系属于行政法律体系的重要组成部分，其具有公法性质。但是现在学界并没有太多的学者对这种观点予以响应，大多数学者都承认无论是税收行政法律关系还是税收债务法律关系都有其存在的价值和意义，只是基于不同的位置、分析问题的不同角度而得出不同的结论。税收行政法律关系更加关注税收征管部门在征管过程中的行政权力，强调税收征管法即程序法应当作为税法的主体部分，是实现税收实

---

① 刘剑文. 掠夺之手抑或扶持之手——论私人财产课税法治化 [J]. 政法论坛，2011，29（04）：17.

体法的首要和必要途径。税收债务法律关系说关注的是国家享有的税收债权和纳税人应当履行的税收债务，债权债务关系是税法的核心内容。二者都存在一定的合理性，只从其中任何一个角度分析都会产生偏执的观点和结论。现在国内学者普遍都将税收法律关系视作一种公法上的债权债务关系。

二、互联网金融直接融资税收征管中的税收债务关系

公法与私法都是法律制度的组成部分，其在达到法律制度的既定目标——调整法律主体之间关系上是完全相同的，只是基于各个法律制度是强调权力还是权利而分为公法与私法。① 将税收关系定性为债务法律关系可以解决税收征管中的公法私法二元完全分离的问题，虽然通常将债权视为一个私法上的概念，但如果将债权定义为一种要求他人履行给付义务的权利，那么债权这个概念在公法上是同样成立的。

例如，国家相对于纳税人来说就是债权人，国家可以要求纳税人必须履行税款给付的义务，这是国家作为债权人的权利。这样国家的税款征收保障不仅可以得到公法的支持，也可以运用私法的原则与方法来保证纳税人履行义务，通过公法和私法双重作用共同实现国家在税法上的债权。而国家实现债权的第一步是确认纳税主体，只有确定了具体债务人，债权债务关系才得以成立。在互联网金融直接融资的线上模式中，只要适格的参与主体都可以通过互联网参加互联网金融直接融资的投融资。但是基于认证机制的缺乏，当前投融资主体的身份认证尚存在一定难度，如果使互联网运营商承担身份认证的义务，因为没有权利与之平衡而存在不合理因素，而如果使金融机构承担身份认证义务，又会产生其泄露或滥用身份信息的风险。若税务机关使用互联网金融直接融资活动中所依赖的各种信息技术，税务机关能够较以往更便捷、高效、准确地确认纳税人的身份。因

---

① 王天华. 国家法人说的兴衰及其法学遗产 [J]. 法学研究, 2012, 34 (05): 77.

此，互联网金融信息技术的发展既给债权债务理论的实施提出了挑战，也为落实债权债务理论提供了现实的技术基础。

互联网金融一直被标榜为践行"普惠金融"原则的急先锋。当前金融市场广泛推行的普惠金融的核心观点是，金融应当能够为所有阶层的公民提供服务，原则上任何人都有享受金融服务的权利。而在传统金融服务领域，能够享受优质金融服务的只有部分人，而金融长尾市场中的那部分群体，例如小微企业、农民及个体经营户等难以享受到优质金融服务甚至根本无法享受金融服务。① 从经济发展要素的角度，金融可视为一种公共资源，金融发展权则应当属于发展权的应有之义，因而金融发展权也可以说是一项基本人权，它不仅意味着民众投资金融的权利，还意味着民众享有金融服务带来收益的权利。因而，国家有义务提供公平的资源供给，平等地保障民众的金融需求，公众尤其是弱势群体"参与金融活动的权利"就是顺理成章的。② 如果监管机构、投资机构不适当地设置过高的准入门槛，就意味着对公众金融发展权的侵蚀。

"课税于民"最根本的保障是符合民意、符合公平与正义的法律精神。传统理论将征税权的正义与公平假设为经人民同意情况下国家对人民财产的合法攫取。从信息角度来看，此种假设是在信息不完全、不充分的情况下，宪法学者对人民意志与国家税权关系所作的理论推导，并成了间接民主理论基础。而在信息充分交换时代，征税权经人民同意已经具有实践基础，这也是间接民主代议制实践向直接民主实践的转换。在当代，国家治理越来越重视得到人民同意的公众参与治理模式。因此，我们需要明确税收债权债务关系理论对互联网金融直接融资税收征管的指导作用。将税收法律关系定性为债务法律关系不仅可以使纳税人的基本权利得到保障，还可以保障国家的税款征收权得以落实。其实经过仔细分析会发现，国家作

① 王金龙，乔成云. 互联网金融、传统金融与普惠金融的互动发展 [J]. 新视野，2014，185（05）：14.
② 李长健，罗洁. 基本金钱发展权的农村合作金融立法初探 [M]//漆多俊. 经济法论丛. 北京：法律出版社，2013，24（02）：229.

为单一主体需要面对数以亿计的纳税人，不少纳税人都在研究如何突破法律的规定不缴税款或少缴税款，很多时候国家都迫于工程量太大而无法保证每一个纳税人都做到依法纳税，从这个角度分析，国家也并不是永远处于强势地位。而国家为应对纳税人不缴税款或少缴税款，保障国家的税收权利，只能通过制定相对完善的法律制度，将民主政治关系和市场经济关系分别以公法和私法的形式调整，以私法的方式保障纳税人按时按量缴纳应纳税款。但是，这并不意味着国家与社会、政府与市场、权力与权利不能出现在同一法律关系之中。我国台湾著名财税法专家葛克昌认为："现在法律关系非常复杂多变，按照以前公法与私法两分法，只能运用单一法律调整某种特定法律关系的做法已经不能满足现实的需要，只有使公法和私法发挥互补功能，共同调整，才能使法律关系调整达到既定目标。"① 所以，将税收关系定性为债务法律关系的做法，可以对传统私法领域运行非常好的诸多制度——优先权制度、代位权制度、担保制度、撤销制度——进行借鉴并运用到税收法律关系之中，形成税收优先权制度、税收代位权制度、纳税担保制度、税收撤销制度等，强调纳税人与国家的平等地位，并以私法的手段方法保障公法上税收债权的实现。

第二节　互联网金融直接融资税收征管法律规制目的论

社会文明的对价是税收。政府的存在和运行需要一定的物质基础，而政府本身并没有足够的能力进行物质生产维持其存在和运行，因此现代社会绝大多数国家都要求市民主体必须为政府的存在和运行支付相应的对价，也就是缴纳应纳税款。纳税人在完税之后就会获得依法纳税的对价，可以享受政府为其提供的服务，这些服务又可以细化为参与权、监督权、

① 葛克昌. 藉税捐简化以达量能平等负担——核实、实价与推计课税之宪法基础［J］. 交大法学，2014，7（01）：32.

生存权、救济权等具体权利。互联网金融直接融资形成的税收征管障碍为国家征税权提供了新的权力空间，明确我国税收征管法律规制的目的定位，将促进税收征管制度和纳税人权利保护的合理协调以及良性互动。

一、纳税人权利的保护

"从法实践论的角度看，将税收债务关系说作为基础展开研究"[①]，"可以从纳税人与国家的关系来理解税收法律关系：纳税人在与国家的互动中存在互相享受权利和互相承担义务的关系，表现出自由与责任的有机融合，根本原因是国家致力于提供公共产品和社会安全保障，而纳税人在享受公共产品和安全保障的同时需要为其做出一定的贡献。"[②] 无论是税收契约论，还是利益交换论，都将纳税人在税收活动中的角色与地位进行了提升，纳税人主体性地位已然成为现代税法的趋势。在这样的背景下，"作为税收债务法律关系主体的纳税人和国家，享有对等的权利和承担对等的义务是债务关系的应有之义。"[③]

纳税人在缴纳税款的过程中将自己合法获得的财产通过缴纳税款的方式转移给政府以维持政府运行，其付出应当有所回报，于是国家赋予纳税人权利也是合理合法的。从宪法的角度分析，纳税人在税收关系中更多地应当被看作是权利主体，在宪法的概念界定上，公民与纳税人意指同一群体。从宪政理论中可以得出：宪法规定了国家的权力，但是权力的来源是全体公民，公民通过签署宪法这个契约将权力授权给国家让其代为行使；但是宪法同时对国家行使权力进行了限制，国家权力行使的要求是不能损害公民权利，同时应当努力为公民权利实现提供协助。宪政是纳税人作为权利主体的基本法律保障。根据宪政理论，公民享有的基本权利包括生存

[①]　北野弘久. 税法学原论［M］. 陈刚，译. 北京：中国检察出版社，2001：164.

[②]　杨力. 纳税人意识：公民意识的法律分析［J］. 法律科学（西北政法学院学报），2007，157（02）：21.

[③]　单飞跃，王霞. 纳税人税权研究［J］. 中国法学，2004（04）：94.

发展权、财产权、自由权等权利，其他权利都是在这些基本权利基础之上的延伸和发展。纳税人享有的很多权利也同样是基本权利的延伸和发展，而纳税人最核心和最基本的权利应当是财产权。为了使纳税人财产权在宪法上的逻辑一致、不产生矛盾和冲突，宪法规定财产权是公民的基本权利，而税收是公民将财产权转让给国家进而形成国家权力，所以纳税也应当被定性为基本权利，即"纳税人更愿意要求政府在恰当的时候公布税率"①，否则就会在宪法上产生逻辑矛盾和冲突。

纳税人的权利主要有两种表现形式：一种是诸如依法纳税、听证权、复议权、要求保密权等税收法律法规明确规定的权利；另一种是税收法律法规虽然没有明确规定，但是按照法律原则和精神可以推知的权利，例如合理负担税收、要求税务机关依法行政等，这部分权利在税收征管过程中时有体现。纳税人权利在形态上又可以分为应有权利、法定权利和实有权利。应有权利是指按照一般法理，纳税人应当享有的权利，这是一种应然状态下的权利；法定权利是指通过法律条文明确规定的权利，这种权利受到法律的承认和保护；实有权利是指经过执法机关和司法机关的工作而具体落实的权利，这是一种实然状态下的权利。

二、互联网金融直接融资税收征管中的纳税人权利保护

纳税人权利是宪法保护的基本权利，宪法应当基于对纳税人权利的保护而对不当行使公权力行为进行限制。在税务机关的税收征管活动中，纳税人权利似乎与征税权处于相互对立的地位，然而这是对国家与公民关系的错误认识，应当将纳税人权利纳入征税权的实现过程之中，切实保护纳税人的权利。税务机关的税收征管是一个具有过程性的活动，与此相适应，纳税人的权利保护也应当融入税收征管过程之中，如果忽视这种过程性，可能会导致纳税人有些权利被忽视，得不到有效保障。从我国《税收

① 布坎南．宪政经济学［M］．冯克利，秋风，等译．北京：中国社会科学出版社，2012：128．

征管法》以及《国家税务总局关于纳税人权利与义务》的内容来看，其对纳税人的多项权利都有所规定，然而，所有这些权利只是税收征管法律制度中的概括性规定，缺乏税收征收管理过程链条上每一环节下的权利规定。作为对纳税人实然权利的保护之法，《税收征管法》对纳税人权利的界定不能过于简单化，否则会使纳税人权利意识淡薄，并承担极大的税法遵从风险。

互联网金融直接融资税收征管制度的不确定性会导致纳税人对税收法律的不遵从。大数据技术瓦解了公共空间与私人空间的边界，税务机关在通过数字手段行使职权时，能较为容易地收集、储存、处理公民数字化的个人信息，此类"采集"之裁量一旦于税法不确定性下被滥用，就会在无形中给隐私权保护带来巨大风险。[1] 从现实情况来看，我国缺乏互联网金融直接融资税收征管制度，因此，税务机关需要依靠现有制度进行税收征管。这与美国利用"世界上最复杂、最精细的《国内收入法》"[2] 规制互联网金融直接融资的场景相比，有异曲同工之处：同样利用现有税法制度，但遵循不同规制的逻辑。美国《国内收入法》厚达 3387 页，而其解释条例更厚达 13548 页，美国国内收入局可以在其中找到充分的税收征管法律依据来规制互联网金融直接融资。与美国相比，我国税法结构、立法技术都尚显不足，简单的税法规定反而使得税务机关对应税事实的认定过程简单化。过于精细或过于简单的税法都使税法规制互联网金融直接融资存在不确定性：精细的税法会使互联网金融直接融资的相关税法问题复杂化；简单的税法会形成互联网金融直接融资的税法漏洞。

我们可以设想，如果投资者或筹资者参与互联网金融直接融资，而法律顾问却告知他们税法在这一领域中没有禁止或规定不明时，投资者和筹资者会做出怎样的选择？考虑到互联网金融直接融资可能存在的税法风

---

① 吕铖钢，洪阳蕾，杨叶凡. 数字变革中的不确定概念与税收立法的精细化应对 [J]. 地方财政研究，2021，203（09）：17.

② LOGUE K D. Optimal Tax Compliance and Penalties When the Law Is Uncertain [J]. Va. Tax Rev，2007，27（11）：241.

险，并由此诱发税务诉讼纠纷或受到税务机关强制执行的概率较大时，作为完全理性主体为规避风险，会利用金融工具的替代性特点退出这一领域，转向其他投资领域。但互联网金融直接融资的规模不断扩大，说明了互联网金融直接融资的主体不可能都具备完全理性的思维。那么，要求不完全理性主体遵守税收法律的前提是税收法律必须是完备且确定的。对纳税人而言，美国纳税人虽然只需根据 1099 系列表格填写相关纳税申报内容，但美国税法的复杂结构、异常晦涩的专业术语往往使一般纳税人很难在庞大税法规定中找到自己纳税义务的法律依据，而中国纳税人很少意识到自己作为纳税人应当并且怎样来履行自己的纳税义务。因此，虽然中国和美国情况不尽相同，但都使纳税人承担了潜在的税收遵从法律风险。

美国税法的不确定性实质是美国国会在平衡不同纳税群体利益而将不同的利益分配机制"融入"《国内收入法》过程中所出现的不协调甚至矛盾的表现。众筹融资参与者包括了个人、合伙企业、S 型公司等不同主体，他们可以自由选择不同的众筹融资模式。但美国国内收入局对众筹融资的回报"礼物"与"收入"定性之争的模糊表态，是美国国会每年对《国内收入法》修改，使得《国内收入法》的内容不断更新与增加所导致的。纳税人对自己纳税问题的质疑，"以至于税务专家，国内收入局都可能无法及时解答该法的最新问题。"① 虽然众筹融资回报应当课税，但是众筹融资筹资者可以利用生产产品的支出抵消收入。按照美国《国内收入法》，如果一个筹资者在一个 1000 美元产品项目中支出 1000 美元，则可以完全抵消。但如果筹资者在第一个纳税年度内筹款，然后在下一年度继续用款，那么筹资者应该使用权责发生制会计准则。依据权责发生制会计准则会将销售发生时统计为收入，而将提供服务或商品时统计为支出。但为避免众筹融资回报被认定为礼物所带来的"法律麻烦"，税务顾问建议纳税人最好将众筹融资回报主动申报为"收入"。

---

① TODER E. Changes in Tax Preparation Methods 1993—2003 [J]. Tax Notes, 2005, 9 (05): 107.

在我国，根据主体分类可将税法遵从分为投资者遵从、筹资者遵从与平台遵从。在具体税种分类上，我国互联网金融直接融资主体的税法遵从类型，可见下表（表2-1）：

表2-1　我国互联网金融直接融资主体税法遵从类型

主体	个人所得税遵从	企业所得税遵从	增值税遵从
投资者	有	有	无
筹资者	有（代扣代缴）	无	无
中介平台	无	有	有

投资者个人所得税遵从是通过代扣代缴和自行申报途径相结合实现的。依照个人所得税法，除非纳税人有生产经营所得或扣缴义务人有扣缴不实的收入项目，都需要纳税人按综合途径执行归集自行申报相关的收入信息，并不是重新核定税款实行汇算清缴的依据，按照分类所得税分类给税的规定该缴多少补缴多少。但我国个人申报补缴个人所得税的金额占个人所得税收入比例非常低，可见，投资者个人往往很难有效通过自行申报履行纳税义务。按照规定，投资所得的代扣代缴应当由支付股息、利息、红利或支付转让财产所得一方履行个人所得税代扣代缴义务。这意味着，筹资者应当为投资者代扣代缴个人所得，但现实情况是筹资者很难履行其法定义务。一是筹资者是自然人时，几乎没有意识到自己负有这样的义务，即使发现自己有义务为投资者代扣代缴个人所得税，但是履行成本过高而无意履行。二是筹资者很难通过中介平台获知投资者的具体信息，也不可能为投资者代扣代缴个人所得税。因此，互联网金融直接融资投资者个人所得税遵从度较低。

纳税人权利意识淡薄是导致互联网金融直接融资参与主体所面临税法遵从风险和税法不遵从的直接原因。但我们更需反思导致互联网金融直接融资税收征管中纳税人权利意识淡薄的制度环境。虽然改进立法、消除法律冲突是实现纳税人权利保护的必由之路，但是对税收征管权约束，实现"权力本位"向"权利本位"的转换，落实纳税人宪法性权利才是实现纳税人权利的根本措施。

第三节　互联网金融直接融资税收征管法律规制价值论

价值在法哲学上通常有两种基本含义：其一，价值是指设定法律制度所要达到的目标，即法律制定机关在制定法律制度时预期通过实施可以达到某种效果，这些效果通常包括平等、正义、秩序以及群体利益或公共福利等等；其二，价值是指判断法律制度是否达到其制定或实施所预期的某种效果的一种标准。其实价值在法律制度中的两种基本含义是相通的，价值目标在法律制定和实施之前以一种抽象的形态存在，只有通过具体的法律制定和实施才能落到实处；而法律是否达到其制定或实施的既定目标的判断标准，也只能分析其是否在制定中落实、是否在实施过程中得到遵守，只有有助于实现上述法律价值目标的法律制度和实施措施才能成为合理的判断标准。

一、法律程序正义的价值

最早开始对法律程序价值引起重视的是英国学者杰罗米·边沁（Jeremy Bentham），自此之后在英美学界掀起了研究法律程序价值的热潮，对价值的研究不再局限于实体法，各个学者逐渐意识到法律程序本身也具有不可忽视的价值。[①] 罗尔斯（Rawls）在其《正义论》一书中对程序本身的正义价值进行了非常详细的论述，其有一句名言广为流传：正义不仅应当得

---

① 张旅平，赵立玮. 自由与秩序：西方社会管理思想的演进 [J]. 社会学研究，2012, 27（03）：35-37.

到实现，而且应当以人们看得见的方式实现。罗尔斯这句名言的内涵就是不仅需要注重实体正义，程序本身的正义价值也不能被忽视。与罗尔斯同时代的许多学者也开始对程序的正义价值开展深入细致的研究，如美国著名学者劳伦斯·萨默斯（Lawrence Summers）、迈克尔·贝勒斯（Michael Bayles）、英国著名学者罗卡斯（Rokas）等都对法律程序价值从不同角度进行了研究和论证，① 将传统的自然正义观念和正当法律程序进行融合，提出法律程序也应当具备正当性和公正性，只有在程序法上保障正义才可能实现实体法上的正义，这个阶段涌现出了许多与程序正义价值相关的理论。② 对这些理论进行分析总结可以发现，总体上可以分为法律程序工具主义价值和法律程序本位主义价值两种，法律程序工具主义价值是基于程序法存在的，唯一目的就是为实体法服务，实现实体法本身所设定的目的和价值。法律程序不具备独立存在的价值，其与实体法的价值应当保持一致。法律程序本位主义价值是基于程序法可以独立于实体法存在，其本身也应当具备独立的价值，并且程序法价值不一定必须与实体法价值保持完全一致。

法律程序工具主义理论又被称为结果本位主义理论，也就是说一切法律程序本身不是目的，只能作为实现实体法律价值或法律目的的手段或者工具，只能以实体法的结果为导向，其自身并不具有作为独立法律制度的合理性或正当性。甚至有些极端的学者指出，法律程序本身不具有任何价值可言，只有在具备实现实体法上的公平、正义、社会公共利益等实体结果功能的情况下，才可能具有附属于实体法的价值。边沁在案件的裁判中引入其所主张的"最大多数人的最大幸福"，在分析实体法和程序法的关系时，最大多数人是否实现最大幸福是判断实体法是否正义的标准，而是

---

① 齐建辉. 正当法律程序价值理论的反思和重构 [J]. 甘肃政法学院学报, 2011, 119 (06): 68-69.

② 李爱平. 英美违法合同禁止返还规则的例外 [J]. 环球法律评论, 2013, 35 (06): 105.

否辅助将实体法付诸实施实现实体法正义，则是判断程序法是否正义的标准。这是边沁将其功利主义思想用于分析实体法和程序法关系所得出的结论。[①] 实体法依据功利主义只能以公平、正义以及社会整体利益等为基础价值，而程序法则只能以实体法的实施是否实现实体价值为其基础价值，也就是说程序法只能间接通过功利主义来判断其程序价值是否实现。那么按照功利主义的观点，程序法应当具备哪些价值呢？从宏观层次来分析，程序法的价值也就是实体法的价值——公平、正义以及社会整体福利等；从具体层次分析，则在案件处理过程中程序法至少应当遵循两项价值——案件事实认定客观真实和法律适用准确无误。只有通过这两项价值的实现，才可能保障实体法价值的实现。首先是案件事实认定客观真实上，程序法应当保证裁判者获取信息的客观和真实，应当对案件双方当事人的真实情况进行调查取证并充分听取双方意见，对案情做出最符合真实情况的了解与判断，这是保证裁判结果公平正义的首要前提。然后是法律适用准确无误，在充分了解案情的情况下，裁判者需要对法律规定进行仔细分析与适用，如果有具体的实体法律规定可供适用，应严格按照法律规定进行适用裁判，如果没有具体的实体法律规定可以适用，那么裁判者在行使自由裁判权时，应当遵循实体法律制定的基本价值，做出有利于实现实体法价值的裁决，只有这样才能保证裁判结果的公平正义。

法律程序本位主义理论指出："程序公正有赖于独立的程序标准，而这些标准中最重要的是程序规则。"[②] 法律程序本位主义价值理论关注的是程序本身，其并不认为程序法只是一种工具，"程序的本质是过程性与交涉性"[③]，其本身与实体法在法律体系中应当处于平等地位，只有二者互动

---

① 齐建辉. 正当法律程序价值理论的反思和重构 [J]. 甘肃政法学院学报，2011，119（06）：68-76.

② 雷磊. 法律程序为什么重要？反思现代社会中程序与法治的关系 [J]. 中外法学，2014，26（02）：334.

③ 李建华. 公共政策程序正义及其价值 [J]. 中国社会科学，2009，175（01）：69.

共同发挥作用才能实现整个法律体系的正常运转。程序本位主义兴起的原因是民主政治理念的产生与发展，民主政治理念开始在诉讼活动中得以运用并指导着诉讼活动的整个运行过程，带来的结果是现代诉讼必须尊重当事人的程序权利、保护当事人在诉讼过程中的合法权利，同时必须防止裁判者在诉讼过程中滥用权力。所以程序本位主义理论得以产生，程序并不是作为实体的附属部分，而是具有独立于实体的价值，程序运行过程中的公平与公正必须得到合理维护。而这种程序运行的公正与公平只能建立在程序拥有属于实现自身目的的价值之上，"一般公民向法律秩序要求的基本上都应该是作为'现货'的形式正义和程序正义"①。法律程序本位主义理论的核心观点是：法律程序的参与主体应当独立于实体法的参与主体，而且参与主体应当有程序法上的权利和义务，一旦其破坏他人权利或不履行自身义务，那么将会产生程序法的法律后果；程序的运行过程应当保证公平与公正，而且程序的运行不应当受到实体法的干预或其他非程序参与主体但与案件相关的利害主体的影响，实现程序本身所追求的价值。总之，法律程序本位主义理论意在设立一套完整的程序运行体制，使其独立于实体法，但这并不意味程序法与实体法毫无关联，只要程序法运行过程中的公平公正可以得到切实保证，那么实体法上的公平公正就是其理所当然的自然结果，而一旦程序法中的公平公正被破坏，那么实体法上的公平公正也就不可能实现。简单而言，程序法价值不是实现实体法价值的工具，而是实现实体法价值必不可少的前置程序。

除法律程序工具主义理论和法律程序本位主义理论之外，学界对法律程序的价值还形成了两种相对中立与温和的理论——法律程序相对工具主义理论和法律程序经济效益主义理论。法律程序相对工具主义理论虽然认可程序法仍然是实体法价值实现的一种工具，但是并不认可程序法没有独

---

① 季卫东. 法律程序的形式性与实质性——以对程序理论的批判和批判理论的程序化为线索 [J]. 北京大学学报（哲学社会科学版），2006（01）：129.

立价值。其认为程序法的价值包括两个部分：其中一个部分是与实体法价值相同的价值，从这个意义上讲程序法是实现实体法价值的工具；另一部分价值是独立于实体法的价值，这部分价值为程序法所独有，例如程序的公平、公正、当事人程序权利义务保障等。① 德沃金（Dworkin）是法律程序相对工具主义理论的坚决拥护者。德沃金批判法律程序工具主义理论，认为其忽视了法律程序的独立价值，仅把法律程序视为实现实体法价值的工具，依据这种理论分析出的结论是实体法的实现并不一定需要程序的公平公正，即使是不公平不公正的程序也可能做出符合实体法价值的裁决，显然这种结论是荒谬的。所以德沃金主张法律程序应当具有一部分独立于实体法价值的价值目标，法律程序是一种工具，但不全然仅是工具。

芝加哥经济分析法学派的代表波斯纳（Posner）将经济效益作为价值标准应用到对程序法的价值分析当中，形成了法律程序经济效益主义理论。该理论的核心观点是：经济效益是正义的外在表现，法律制度体系中的实体法和程序法最大的价值目标应当就是实现正义，那么也就意味着实体法和程序法应当以实现公共福利最大化和提高经济效益为价值目标。就程序法而言，提高程序法运行经济效益的另一层含义就是要减少其在运行过程中的经济损耗，所以程序的价值判断标准就是其运行过程中的经济损耗是否降到最低。程序法在运行过程中的经济损耗通常表现为以下两种：事实认定不真实造成的程序资源损耗和法律适用不准确造成的实体资源损耗。只有同时达到事实认定客观真实和法律适用准确无误，才可能使程序法运行过程中的经济损耗降到最低，实现程序法的经济效益。

二、互联网金融直接融资税收征管中的程序正义价值

税收契约论对国家征税权的正当性与合理性进行了很好的说明和论

---

① 齐建辉. 正当法律程序价值理论的反思和重构 [J]. 甘肃政法学院学报，2011，119（06）：68-76.

证，这是从为什么国家需要征税方面做出的解释，那么国家应当怎么样来征税呢？这就需要法律程序正义理论的指导，国家征税权的实现必须依赖于税收征管法中的程序正义。税收立法的法定化有利于加强数字经济税收规则的刚性。[①] 根据法律程序正义理论，税收征管法中程序正义不仅可以指导税收征管工作的顺利进行，还可以实现税收实体法的价值目标。与税收征管相关的工作都必须在税收程序正义的指导下进行。[②] 如第一章所述，互联网金融直接融资的"信息化"风险与"信用"风险对税收征管法律制度的影响，使得现有税收管理程序制度、税收检查程序制度出现了明显漏洞。互联网金融直接融资税收征管基础是对涉税信息的需求，但《税收征管法》对税收征管流程中的涉税信息采集与管理的法律依据、程序控制与机制运行等方面缺乏整体性、系统性的规定。互联网金融直接融资涉税信息的最大载体不是投资者、筹资者，而是作为第三方的互联网金融直接融资信息中介平台。我国涉税信息采集的法律依据缺失主要体现为第三方涉税信息采集的制度方面；在第三方涉税信息的采集程序控制上也对其没有明确规定，税务机关在信息采集中的权力设置和程序规定极为不合理，有关涉税信息供给主体的义务并不明确；同时缺乏对部门信息共享机制与税源监控机制等涉税信息采集与管理具体机制的法律规范。因此，《税收征管法（修改建议稿）》中引入的基于互联网平台的第三方涉税信息共享机制作为一种税收征管法律制度，是对税收征管工作结合实践发展进行完善的产物，其所内含的信息化、准确化和科学化将推动税收征管从传统路径到现代路径的变革。基于互联网平台的第三方涉税信息共享机制与税收实体法和税收程序法都有着不可分离的关系，其信息共享机制应当从实体法和程序法上都进行完善。但是，基于涉税信息在税收征管工作中的基础

---

① 胡翔. 数字经济背景下落实税收法定原则的价值、难点与对策［J］. 税务研究，2022，447（04）：91.

② 张怡，孙小东. 程序正义视角下"税源联动"法律规制探讨［J］. 河北法学，2012，30（02）：41.

性地位，涉税信息共享机制与税收征管法的关系极为密切，然而涉税信息共享机制在税收征管法中的规定呈现出零散而杂乱的问题，直接与税收程序正义背道而驰，无法满足税收程序正义的要求。

在信息时代，信息资源通过"预期给企业带来的经济利益"成为信息资产。① 互联网金融直接融资平台"最大资产"就是其拥有的用户信息，用户信息是互联网金融直接融资平台的核心商业机密。因此，我国在涉税信息的采集方面，税务机关作为信息资源的获取方，与筹资者、投资者、互联网金融直接融资信息中介平台作为信息资源的占有与控制方之间的利益矛盾，带来了诸多的利益失衡问题。如对交易者身份的确认和信息验证在实施中尚未成形，常规信贷机构与互联网信用平台之间未达成有效的信息共享。② 但从我国第三方涉税信息共享机制的起源与发展过程中可以看出，无论第三方涉税信息共享机制在互联网的开始初期还是发展时期，都与政府和税务机关的大力推行有着无法分离的关系。建构完善的数据报送程序不仅是程序正义的必然要求，实践中也对促进数据共享、保护个人数据安全、规范政府依法执政行为都有益处。③ 而涉税信息共享机制运用到实践当中的基础性保障是各级政府和税务机关出台的与该问题直接相关的政策规范。可见，目前涉税信息共享机制的法律制度保障还处于缺位状态，这就直接导致税务机关在涉税信息共享机制的实施过程中所拥有的自由裁量权不受法律限制，而且税收法律程序正义理论也因为法律制度的缺位而无法对其实施很好的指导与限制。在我国，由于各级政府部门尚未完全实现权责的法定，因而一些部门基于利益最大化的考虑，努力争取和巩固有利职权、冷化无利职权、规避相关义务的行为时有发生。此外，涉税

① 陆小华. 信息财产权——民法视角中的新财富保护模式 [M]. 北京：法律出版社，2009：311.
② 刘泽黎. 互联网背景下信用制度的演进和风险管理 [J]. 经济学家，2020，253（01）：73.
③ 刘岳川，孙芊妍. 我国互联网企业数据报送法律制度的完善 [J]. 学术交流，2021，328（07）：53.

信息的提供不仅对己不利，且需要耗费某些部门一定的行政成本。涉税信息共享机制与税收程序正义理论有着直接相关的关系，可以说税收程序正义理论对于涉税信息共享机制的发展和完善起着关键性的决定作用。正当程序的"信息质疑"功能可以缓解决策输出的不确定性和不公正性①，针对互联网金融直接融资涉税信息采集与管理过程中的种种利益失衡，我们亟须通过程序正义的制度表达来拓展税务机关获取涉税信息的途径，合理确定涉税信息的采集和程序，以最大限度实现信息采集与权利（权力）保护之间的多维平衡。

运用税收程序正义理论指导涉税信息共享机制的运行，可以更有效地发挥涉税信息共享机制的应有作用，使社会机制在规范化和程序化的状态下运行，并使其被纳入法治化的进程，使税收征管顺应经济社会的发展，实现法治化和现代化，并以此为基础建立与和谐社会相适应的税收征管体系。所以，税收程序正义价值理论不仅应指导涉税信息共享机制的建立、发展与完善，还应当贯穿整个涉税信息共享机制的运行过程。

第四节　互联网金融直接融资税收征管法律规制方法论

一、依法稽征理论

在税收征管中，税收法定主义被称为依法稽征，其包括了税收法律创制、法律优位和法律保留三项基本要求。通常情况下我们谈到税收征管法都是与税收实体法相对应的法律，税收征管法和税收实体法构成了完整的税收法律体系。根据税收债务理论，税收实体法确立了税款征收主体和税

---

① 雷刚，喻少如. 算法正当程序：算法决策程序对正当程序的冲击与回应 [J]. 电子政务，2021，228（12）：23.

款缴纳主体的实体性权利与义务，即国家作为债权人享有税款征收的债权，而纳税人作为债务人需要承担缴纳税款的债务。也有一种说法是国家强制要求纳税人将合法财产转移给国家，这也被称为税收债务的侵益性。当纳税人意识到这种侵益性的存在时，就会产生一种维护"自身合法权益"的正义感，这种正义感就是其通过各种方式少缴税款或不缴税款的心理原因。这种问题在税收实体法中并没有很好的解决办法，因此需要通过税收征管法来进行解决，通过制定合理公平且能够有效实施的税收征管制度，使纳税人能够按时按量缴纳应纳税款。这也是目前税收征管法所面临的实际问题。从这个角度理解，可以说税收征管法保障了税收实体法目的与价值的实现，二者之间的法律关系可以定性为手段与目的或者说形式与内容。但这绝不代表税收征管法就只能成为税收实体法的手段或形式，与前文所谈到的税收程序法的价值相关，税收征管法有实现税收实体法的工具价值，但其还具有独立存在的程序法价值，最重要的价值就是税收征管法可以对税务机关的权力进行限制，防止其滥用权力损害纳税人的合法权利。也就是说，税收法定的核心就是对税收权力进行限制以实现公平正义的实体法价值与程序法价值。作为行政权力的一种重要形式，税收权力直接涉及公民的财产权，其是否能够依法行使，直接关系到公民的财产安全权是否能够得到最基本的保障，也直接关系到整个社会的稳定。如果税收实体法上的实体权利义务不能得到程序法的支持与维护，那么税收实体法的公平、公正和社会福利等价值都无法实现，而且在缺乏税收程序法对税务机关征税权控制的情况下，纳税人不仅需要缴纳应纳税额，其应纳税额之外的合法财产权利也会遭到非法侵犯，古今中外许多社会暴动和政权更迭的重要原因就是税负过重，税收权力不受管控，导致人民生活苦不堪言。因此，必须通过完善的税收征管法对税务机关的权力进行限制，使税收权力局限于税收征管范畴、服务于税款征收，这是对纳税人权益最基本的法律保障。① 除此之外，还应当制定救济制度，在纳税人权利受到税务机关不当行使权力的侵害之时，为纳税人恢复权利提供法律依据，这是实现税收法律制度公平、正义的基本要求。在法治社会中，法律的地位应当高于权力，权力应当受制于法律，包括政府在内的所有社会主体都必须遵守法律的相关规定。税收法定是把权力关进制度的笼子的重要途径与方式，也是实现公平与正义的必然选择，正如罗尔斯所言"正义不仅应当被实现，还应当以看得见的方式实现"，税收法定就是实现税收正义的看得见的方式。税收程序法是税收实体法价值得以实现的工具和手段，也是税收法律制度的重要组成部分，因此税收法定的落实首先应当在税收程序法中得以实现，这是实现税收公平正义的第一步也是关键的一步。需要强调的是，税收程序法对税收法定的落实不仅应当体现在法律制度的制定过程中，更重要的是体现在法律制度的实施过程中，只有两者都得到重视才能使税收程序法定落到实处，也才能将依法稽征贯彻到税收程序法当中。

虽然我们说依法稽征应当贯彻税收程序法制定和实施的整个过程，但是为了保证实质公平正义的实现，在特定情形中也不能完全适用。例如：第一，如果某项先例可以对纳税人实施减税免税，那么此时就应当优先适用该先例；第二，如果税务机关在之前做出过有利于纳税人的解释，那么只要在同等情况下该有利解释就可以优先于依法稽征；第三，诚实信用和禁止反悔的法理在税收征管上同样适用，如果税务机关已经做出过某种承诺，那么诚实信用原则和禁止反悔原则也应当优先于依法稽征适用。②

虽然在税收征管法的制定和执行过程中一直都在强调依法稽征的重要性，但实际的税收活动中不当增加纳税人负担或擅自对个别纳税人减税免税等违法稽征的情况仍然司空见惯，这种有法不依、执法不严的税收征管活动对纳税人权利和经济社会发展带来了非常恶劣的影响。造成这些问题

---

① 谢旭人. 加强和优化纳税服务 构建和谐税收征纳关系 [J]. 中国税务，2007，274 (07)：14-19.

② 杨琴. 纳税人本位与依法治税 [J]. 税务研究，2004，231 (08)：63.

的根本原因在于税收法定即税收征管法中的依法稽征并未落到实处，税收征管法上对税务机关的行政权力界定不明，赋予税务机关过大的自由裁量权等。依法稽征的落实与实践需要多种因素共同作用，但最重要的还是在税收征管法上确立依法稽征，并对税务机关的行政权力进行严格监控与限制。

二、互联网金融直接融资中的依法稽征

互联网金融造成了互联网金融直接融资征税的不明确性。众所周知，税务机关在税收征管过程中最重要的一项原则就是依法稽征。而要实现依法稽征的必经之路就是明确税收要素，使其符合法定化的要求。在数字经济背景下落实税收法定原则有助于弥合税收治理现代化中的缺漏，确保税收法治与经济法治并行不悖。[①] 这就对税务机关提出了其获取的涉税信息必须足以支撑互联网金融直接融资征税的要求。能够被有效利用并发挥作用是互联网金融直接融资涉税信息最核心的价值，虽然其在税源识别和避税监控上也存在一定的价值，但这已经不是其核心价值，其核心价值是能够被有效利用。但是在大量的互联网金融直接融资涉税信息中，并不是所有信息都具有确定性，因此，按照法律进行税收检查时所需要的确凿信息，不能依赖这些可能存在误差的数据来确定。税务机关依法稽征的前提是其已经获得涉税信息并且涉税信息确定可靠。而在互联网金融直接融资领域的税收征管中，主体不明确或信息不明确的问题依然没有得到有效解决，互联网金融虽然解决了投融资双方的信息不对称问题，但税收征纳双方的信息不对称依旧存在，信息的"碎片化"在互联网金融直接融资领域非常常见。[②] 过多的信息有时并不一定能够发挥积极作用，其很有可能产

---

① 胡翔. 数字经济背景下落实税收法定原则的价值、难点与对策 [J]. 税务研究，2022，447（04）：90.

② 刘磊，钟山. 互联网金融税收问题研究 [J]. 国际税收，2015，25（07）：59.

生掩盖事实的后果。税收征管手段在互联网金融直接融资的收入不确定时很难发挥出其应有作用。另外，对互联网金融直接融资征税符合依法稽征。一项合法的征税行为，除了需要符合税收制定的相关规定，还需要符合宪法的规定、顺应民意、遵从公平正义的基本法律理念。①

世界各国对于互联网经济是否应当征税的争议由来已久。美国一以贯之坚持其互联网经济免税的态度。美国早在1995年就设立了跨部门互联网经济管理协调机构，专门研究制定互联网经济税收政策。为了促进互联网经济的发展，跨部门互联网经济管理协调机构规定对互联网经济不征收联邦税，同时免除互联网的关税。② 1998年《互联网免税法案》中又确立了互联网经济税收的多项原则，以进一步促进互联网经济的发展，这些原则包括避免重复征税、避免税收歧视、征税属地原则等等，更为重要的规定是对互联网经济连续三年实施免税。该法案在2001年修订中又再次强调继续延长免税期，而且没有规定延长多久，可以理解为在新法案出台前无限期免税。③ 2004年跨部门互联网经济管理协调机构又通过了一个新的法案再次延长免税期，并且将互联网接入服务税免税的范围进行了扩展。直到2013年美国遇到财政债务危机，才通过出台《市场公平法案》对互联网经济开始征收地方销售税，增加政府财政，解决债务危机。④

与美国不同的是，欧盟各国普遍赞同互联网经济是一种新的税源，无论出于任何理由都无法逃避纳税义务，当然，出于保护互联网经济的目的，也不应对其额外增加纳税义务。总的来说，欧盟对互联网经济实行的

---

① 袁明圣. 税收法定原则在中国：收回税收立法权没有时间表 [J]. 江西财经大学学报，2014，94 (04)：120-128.

② 李恒，吴维库，朱倩. 美国电子商务税收政策及博弈行为对我国的启示 [J]. 税务研究，2014，346 (02)：74-78.

③ MCLURE, CHARLESE. Electronic commerce, state sales taxation, and inter government alfiscal relations [J]. National Tax Journal, 1997, 6 (08)：731-749.

④ BEDEKAR, ASMITA. Coin′ing the Tax Bit [J]. The Contemporary Tax Journal, 2014, 4 (01)：3.

税收政策相对比较严格。欧盟自 2003 年起就开始对从事互联网经济的企业征收增值税，当然主要原因是增值税征收是欧盟成员国的共同规定，所以欧盟成员国都对互联网经济免征增值税表示坚决反对，尤其 2013 年 G20 启动 BEPS 计划更详细地规定了有关增值税的税收征管。① 英国法律的相关规定表明，在线销售与线下销售按照统一税率缴纳增值税，因此在英国互联网经济无法享受任何减免税款的优惠待遇。

由于立法和理论上的限制，税务机关对互联网金融直接融资税收征管的态度比较模糊。一方面，为推动互联网金融直接融资平台发展，税务机关允许其享有与金融企业及战略性新兴产业相同的税收优惠政策，特别是对于初创阶段的互联网金融企业，应在相关监管措施到位前提下，加快出台针对此类企业的税收优惠政策，给予适当的税收减免。另一方面，在互联网金融具体的税收优惠政策未出台前，支持企业进行一些合理的避税，以满足软件企业、高新技术企业、技术先进型服务企业的认定条件，从而使其享受相关税收减免政策，又会面临违背税收法定、行政裁量权滥用等现实问题。因此，税法的不完备使互联网金融直接融资存在应税事实不清、法律适用不确定等问题，这为税务机关的税收征管权提供了权力扩张的空间。

基于税收法定主义要求，我国最优税制立法的根本目的是以税收法定保证税收公平和税收效率。一套能够实现税收法定、税收公平和税收效率和谐共存的税收法律体系能够保障税收发挥增加国家财政收入以及调控经济的基本功能，除此之外还能对市场主体之间的经济关系进行协调，使有限的社会资源创造出更多的社会福利，实现资源的优化配置。② 但长期统

---

① CANNAS, FRANCESCO. The last developments of the digital economy and bitcoins as a 'stresstest' for the EU VAT system [J]. World Journal of VAT/GST Law, 2015, 4 (02): 1-19.

② 张磊. 制度变迁理论下我国最优税收立法路径研究 [J]. 齐鲁学刊, 2014, 243 (06): 104.

治着法律理论领域中不断被完善的制度概念，已经超过了边际收益递减点。法律制度的高度复杂性常常使得目前需要弄清楚的问题是事实问题，它们无法在合理的时间限度内以可接受的成本被查清。① 立法者无法完全预见互联网金融直接融资快速兴起与发展，使税法处于措手不及的境地，一方面税务机关无法可依，另一方面则为税务机关提供了可自由裁量的权力空间。随着互联网金融直接融资的演变，在税务机关自由裁量基础上，税法无从应对如此多变的模式。如债权转让的性质、交易范围、程度、额度如何明确，几乎没有定论。现阶段，税务机关几乎无法从经验层面对互联网金融直接融资税法进行概念解释，主要依赖现有税法规定并扩大其解释范围作为替代选择。因此，错误解释概率会随着税务机关所据以解释规范的变化而变化。

---

① 阿德里安·沃缪勒. 不确定状态下的裁判：法律解释的制度理论 [M]. 梁迎修，孟庆友，译. 北京：北京大学出版社，2011：3.

第三章

互联网金融直接融资税收征管法律规制原则

税收征管的基本原则不仅事关行政活动的开展，还直接关系到纳税人的权利保护，是权力和权利之间平衡与互动的基础，贯穿了财税法整个制定与发展过程。而随着信息技术的发展，互联网金融直接融资对税收征管法律的基本原则确定提出了新的要求，税收征管基本原则必须能够指导科学合理的税收征管立法工作和执法工作，结合信息化和网络化带来的影响制定适合互联网金融直接融资的税收征管制度框架，使税收征管程序和权力配置推动互联网金融直接融资发展的同时也使国家征税权得以实现。在互联网金融直接融资中，税收征管必须以更包容和更关照的态度对待新技术的发展，在确保税收征管技术性和专业性的前提下，将现有税收征管制度与结合互联网金融直接融资改进后的税收征管制度融合，实现我国税收征管法律体系的整体性、连贯性和系统性。因此，税收征管制度的改革和完善必须确定合理的基本原则，使税收征管制度既能适应当前经济的发展又具有一定的开放性和前瞻性，平衡互联网金融直接融资行业发展的经济诉求和税收征管的行政诉求。

从中国税收征管的历史角度分析，可以发现，从税收征管产生到新中国成立之初，税收征管始终都处于"重管理、轻服务"的原则指导下，虽然并没有明确提出该原则，但从税收征管过程的命令性与强制性中可以窥探一二，有学者提出过"民本治税"的观点，但这仅是学术界的探索，并未实际在税收征管法的实施过程中有所体现。随着纳税人权利意识的觉醒以及社会发展的需要，树立符合现实需求的税收征管法律规制原则是促进互联网金融直接融资发展的题中应有之义。

第一节　征管参与原则

参与原则指的是"纳税参与主体有权参与税收制度以及税收征管制度的制定与运行过程，并有效影响行政权力的行使内容和方式"[①]。参与原则可以使纳税人在税收征管程序中发挥一定的主体作用，维护自身在税收征管过程中的正当权益，而不是仅作为税务机关执法权与监督权的客体对象。现代税收征管发展的方向应当导向多方参与，使利害关系人能够切实参与到税收征管的进程当中，保障征税的合理与公平。"纳税人对于与自己权益相关的税收征管行为，除了可以在事后提出申诉、复议或通过法院进行司法救济，还可以在事前或事中对税收征管进行监督，防止损害自身利益的行为发生。"[②] 因此，我国税收征管数字化转型应坚持以人民为中心的发展理念，把以纳税人、缴费人为中心作为深化改革的初心和落脚点。[③]

一、"以票控税"存在缺乏纳税人参与的弊端

税收征管质量的衡量标准是税收征管工作是否达到高效率化。我国现行的"以票控税"制度发挥着不可否认的重要作用，其运行过程中税务机关的实践也在不断进行完善，例如推行电子发票和实行网络发票制度等。

[①] 施正文. 税收程序法论：监控征税权运行的法理与立法研究 [M]. 北京：北京大学出版社，2003：122.

[②] 施正文. 税收程序法论：监控征税权运行的法理与立法研究 [M]. 北京：北京大学出版社，2003：123.

[③] 刘同洲，李万甫. 基于数据增值的税收征管数字化转型路径研究 [J]. 财政研究，2022，470（04）：127.

这也意味着国家为适应经济不断发展的趋势在税收征管上积极进行创新，而"以票控税"制度在运行过程之中与改革原则存在的冲突显示了对纳税人参与态度的模糊。

首先，征管对象的差别待遇存在问题。"以票控税"制度对企业和事业单位的控制较为有效，但存在对个体控制不足的弊端。一方面，日益发展壮大的民营经济领域的税收征管工作不易开展，税款大量流失；另一方面，在税收征管过程中以及进行财产再分配时，对大企业提供的纳税服务较多，并不关注对小微企业的服务品质，财税体制改革进一步加强了大企业的市场支配地位并保障其在市场中持续获利，导致小微企业尤其是与互联网相关的小微企业将纳税视为负担。在税收征管过程中对征管对象的区别对待，使税务机关纳税服务职能的实现被架空。① 其次，征管思维无法适应时代需求。"以票控税"遵循的是事前防范机理，即税务机关要求纳税人应当事先向税务机关申领发票，然后在经营过程中的交易都必须向交易对方开具发票，然后按照发票的开具数额向税务机关进行申报和税款缴纳。而在面对网络直接融资模式时，这种机制基础已经表现出动摇的趋势。现行控税监管制度在保证发票开具与留存的前提下，还要求纳税人按照本月的营业额预估下月的营业额并以此为依据向税务机关申领发票，然而对于这项规定，小微经营者执行起来相当困难，在信息技术时代市场变化速度极快的背景下，小微经营者由于力量弱小极易产生经营困难，其营业额根本就无法准确估算，因此许多小微经营者无法做到合理的财务预算而向税务机关申领适额的发票。在信息技术时代信息、资本、人员等生产要素高速流转的背景下，现行事前预防的控税原则带有浓厚的计划经济色彩，凸显了义务前置的传统征纳法律思维已经不能适应时代的需要。最后，税收征管执行不力。目前运行的"以票控税"制度带来的直接后果就

---

① 武辉. 从制度经济学角度优化我国税收征管制度［J］. 中央财经大学学报，2007，239（07）：10-14.

是在实践中，税就是票，票就是税。因此在纳税人中形成这样一种认识：发票多开就会多缴税，发票少开就会少缴税，不开发票甚至可以不缴税。因此纳税人就会在其发生交易行为时开具虚假发票甚至找理由不开发票，以此逃避税款缴纳。这种现象在实际经济生活中非常普遍，而税务机关由于这种不法行为的隐蔽性加上网络的虚拟化、远程化等原因根本无法准确查找违法者。税收征管工作无法正常开展，都是因为在信息经济背景下，纳税人与税务机关的信息严重不对称，造成了税务机关传统"以票控税"的监管方式在新型交易方式中根本无法适用。① 故税务机关在税收征管过程中能否全面准确地掌握相关信息起着非常关键的作用。

二、完善"互联网+税务"的征管参与原则

相对于现行税收征管法律体系，吸收了信息化元素的制度设计会更加科学合理。"信息管税"是指在现有的税收征管制度下，放弃以前对信息采集的手工方式和现场方式，而代之以网络方式和电子方式，即通过技术方式和手段对大量的信息进行采集和对比，提高信息的处理效率。有学者研究认为，通过涉税投诉博弈的混合策略纳什均衡求解可知，② 当前运行的"信息管税"可以实现税务机关和纳税人之间的权力与权利的平衡，化解二者之间的矛盾，建立起和谐的征收征管法律关系。税收征管运行良好不仅需要税务机关按照税收法定行使权力、提供服务，还需要纳税人按照税收法定实现权利、履行纳税义务，在税收征管过程中构建和谐的征纳关系。近年来，特别 2015 年以来，税务机关在电子税务基础上，树立了"互联网+税收+金融"的税收征管模式，在小微经营者信贷领域引入大数据技术，为其定制符合其自身能力与需求的融资渠道，最大可能地实现其

① 陈兵，程前.《税收征收管理法》修订下网络交易税收征管问题解读——以第三方平台管控为中心 [J]. 上海财经大学学报，2015，17（04）：101-102.
② 王凤飞. 电商环境下优化纳税服务的现实选择及能力提升 [J]. 河北大学学报（哲学社会科学版），2020，45（05）：111.

融资目标。这一原则与互联网金融直接融资恰好契合。

"互联网+税务+金融"税收征管模式是建立在新公共管理理论与实践总结基础之上的。20世纪70年代，西方国家开展了新公共管理改革运动，目的是解决"官僚制"政府中交叉职能普遍存在的弊端。主要是通过对政府机构的权力进行拆分或设立单一职能的部门，实现政府部门职能的专业化分工。但是在20世纪80年代的改革又开始强调整体政府概念，即主张政府职能部门应当实现信息共享和相互协作，将单一职能部门的功能进行整合形成整体政府。①

20世纪90年代以后，西方的政府机构改革中逐渐形成了新公共管理主义。美国公共行政学者克里斯多夫·波利特（Christopher Pollitt）对新公共管理主义进行了理论上的概括和总结：新公共管理主义强调应当赋予管理者以合法权利作为保障；管理者应当不断提高专业素质，向专业管理转变；应当在管理过程中引入科学有效的管理技术；通过有组织的管理活动来提高管理的质量和效率。波利特还将新公共管理主义同传统管理模式的"效率至上"进行比较分析，新公共管理主义对传统效率进行了深化和拓展，在传统效率经济效益的内涵中添加了效能原则，不再一味追求效率至上，转而强调在尊重效能的基础上追求效率优先，这意味着政府在履行公共管理职能的过程中开始关注政府能力是否能够支撑其履行职责，强调在政府能力范围内追求效率最大化。②

当然也有很多学者持不同的观点，美国学者罗伯特·登哈特（Robert Denhardt）在其《新公共服务：服务而不是掌舵》一书中提出了一种不同于新公共管理理论的新公共服务理论。③ 新公共服务理论认为政府在履行

---

① 刘建徽，周志波. 整体政府视阈下"互联网+税务"发展研究——基于发达国家电子税务局建设的比较分析 [J]. 宏观经济研究，2015，204（11）：14-15.

② 曾保根. 价值取向、理论基础、制度安排与研究方法——新公共服务与新公共管理的四维辨析 [J]. 上海行政学院学报，2010，11（02）：30.

③ DENHARDT R B, DENHARDT J V. The new public service: Serving rather than steering [J]. Public administration review，2000，60（06）：549-559.

职责过程中并不是扮演管理者角色，而是应当扮演服务者角色，强调政府应当关注公民参与、民主治理和公共服务等制度的建设。在价值的确定上，新公共服务理论对新公共管理理论的公共管理价值保持了理性的承认和继承，但认为政府履行职责的根本价值在于通过为公民提供服务达到维护社会整体利益的目的，要求政府在履行职责的过程中必须尊重人权、维护公民合法权益、保障社会整体利益。而在制度的制定上，新公共服务理论强调政府在履行职责的过程中必须树立服务者角色，应当运用权力为公民权利服务，即政府的职责不是"掌舵"也不是"划桨"，而是应该致力于制定一些具有回应性的服务制度。

新公共管理改革的推进虽然实现了政府部门职能分工的专业化，但同时也带来了政府部门职能的碎片化问题。一方面，新公共管理改革通过将政府部门进行拆分和重组，避免了职能交叉的情况，实现了专业化分工，但这使得政府部门分布过于零散，各个职能部门只履行自己分内的职责，形成严重自我主义政府部门，结果是整个政府的行政效率严重受到损害。[①]另一方面，新公共管理改革使能力和责任意识都受到不同程度的减损。首先，结构式分权带来的是分工专业化，上级政府部门通过下设职能机构将权力向下转移，而下级职能机构只需要履行专业化的职能，这就导致工作人员只拥有单一技能，流动性差，缺乏履行职责的能力；其次，权力向下转移以后，实际履行职责的是下级职能机构，但是在下级职能机构未履行职责或不当履行职责时，承担责任的却往往是上级政府部门，这就导致上级政府部门既不拥有权力，还需要承担责任，这必将影响这种专业化分工的长久发展。[②]

因此，20世纪90年代"整体政府"理论支撑下的公共服务模式逐渐

---

① RONESS P G, et al. Autonomy and Regulationof State Agencies: Reinforcement, Indifference or Compensation [J]. Public Organization Review, 2008, 8 (02): 155-161.

② CHRISTOPHER H, ROTHSTEIN H. Risk Regulation Under Pressure Problem Solving or Blame Shifting? [J]. Administration & Society, 2001, 33 (01): 21-33.

兴起，与之同步的互联网技术发展则为其提供了实践基础。日本在 2005年前后开始的"国家税务机关与税务改革"（National Tax Agency and tax administration reforms）项目，通过利用电子信息技术整合税务机关内部权力分配，为我们提供了可供参考的经验。

由于日本战后的税务评估体系基本移植于美国，具有强烈的"盎格鲁—美利坚式"的风格，长期"混乱不堪的官僚式公共服务"使缺乏足够会计与税务知识的日本小微企业与纳税人对日本税务当局越发不满。① 为此，2004 年日本国税厅（NTA）出台了税收管理与绩效评估的标准和指导文件，意在为纳税人创立有利的纳税环境。并提出了基本标准的内容：1. 为纳税人提供自我评估、纳税申报和纳税相关的法律、行政程序的准确信息；2. 迅速而合理回应纳税人的需求；3. 获得广泛合作和公众参与来履行税收遵从。日本国税厅通过引入新的税务咨询方法，在自愿基础上，通过上门访问、街边问卷等面对面形式在纳税人与税务厅之间逐步建立起良性互动。但这一方法对人力物力消耗较大，特别是从 2003 年到 2007 年间，日本国税厅雇员逐年减少，加重了其工作成本。在这样背景下，日本国税厅建立了官方的"E-tax"网站，旨在从根本上提高后台税收记录管理和一线税务咨询的税收管理效率以及减少公众的税收遵从成本——内部的双重优势（税收管理员和前线税务顾问）和外部利益相关者（纳税人）。② 其基本工作程序是通过"E-tax"网站在信息服务前端采集纳税人基本信息，形成电子信息库，接着通过后端服务器连接至总信息库实现前端与后端的信息互通。但 Chatfield 与 Akemi Takeoka 认为，由于在税务厅—税务局—税务署之间存在基本权力划分架构缺陷，日本国税厅在"E-tax"上的涉税信息管理权限配置不合理，虽然能够减少税务内部管理成本和税收

---

① 神野直彦. 体制改革的政治经济学［M］. 王美平，译. 北京：社会科学文献出版社，2013：126-131.

② GARY M. Potential demand for m-government services in Japan［J］. Applied Economics Letters，2013，20（08）：732-736.

法律合规成本，但提供新的方便快捷、改善公共服务的措施很难达到预期重大改进的效果，并且缺乏集成的信息处理机构来协调复杂的"E-tax"系统和国税厅内部以及公民自愿采用"E-tax"系统倾向的关系。①

从"互联网+税务"行动计划的内容来看，主要逻辑是在税收征管中通过大规模采用互联网信息技术，设置电子税务局，增强税务机关的专业性、信息共享度、协作程度，增强纳税人参与税收征管工作的主动性，改善纳税人的纳税体验感，实现税收现代化。② 因此，"互联网+税务"行动计划综合了新公共管理理论与新公共服务理论在原则设置与制度建构方面的内容，新公共管理理论与优化税务营商环境有着良好的契合点，可以运用新公共管理的理念、战略和战术，对税收职能、征管流程、纳税服务等进行再造。③ 传统税收征管权力架构下的税收征管模式使大部分融资交易纳税申报都需要一定的实体存在作为营业利润的征税前提。在互联网金融直接融资模式下，互联网金融直接融资参与主体主要通过互联网发生联系，而不用与其直接面对面的交易。从日本的经验我们可以看出，互联网的本质是提供链接，互联网思维与传统税收征管权力逻辑相互链接的并不仅限于传统电子税务的技术改革，而是以互联网思维影响传统税务逻辑。其带来的直接效果是税收征管现有纵向职能部门权力被消解，需要重新调整和整合现有横向职能部门而形成区域化、扁平化的权力结构。④ 可以看出，"互联网+税务"带来的不仅是技术或业务障碍，还带来权力结构的变化和重整，如果仅就技术和业务方面进行税收征管的调整，必然不能适应

① Chatfield, Akemi Takeoka. Public service reform through e-government: a case study of "e-Tax" in Japan [J]. Asymptotic and Computational Methods in Spatial Statistics, 2009, 44 (07): 209.

② 国家税务总局关于印发《"互联网+税务"行动计划》的通知，税总发〔2015〕113 号。

③ 王志荣. 新公共管理视角下的税务营商环境优化——从世界银行评价指标体系谈起[J]. 税务研究，2018，404（09）：126.

④ 黄建. 税源专业化改革视阈下的组织再造研究 [J]. 税务与经济，2015，198（01）：63-69.

"互联网+税务"的发展以及其带来的变革。"互联网+"时代税收征管权力不是对税收征管法律进行重新制定和解释,而是通过抓住"互联网+"带来的信息充足、透明机遇,解决税收征管过程中税务机关和纳税人之间的信息不对称问题。税务机关可以通过"互联网+"采集传统行业所无法采集的信息,提高税源监控能力、经济分析预测能力以及行政执法能力,最终实现税务征收管理的现代化。

第二节　征管服务原则

有学者运用金字塔理论来形容税收征管制度,税收征管价值金字塔的最基层也就是基础,应当是征管过程中要以服务态度与纳税人交流(本书统一称为"征管服务")。征管服务水平的高低影响着金字塔上层税收征管的效率,这是税收征管中最重要和最核心的部分。随着纳税人权利意识的觉醒、纳税申报制度的实施以及服务行政的兴起,都不断强调着税务机关在履行税收征管职责的过程中应当以高效、便捷的服务为基本途径,这是实现税收征管的必经之路。在 2014 年国家税务总局印发的《纳税服务工作规范(试行)》中再次明确了 2005 年版本《纳税服务工作规范(试行)》中所提出的服务意识,并指出征管服务的含义:税务机关依据税收相关法律法规在税收征管过程中必须为纳税人提供服务的事项的总称。①

一、征管服务原则的生成机理

税收征管中的服务理念在各个国家的税收实务之中得到了非常广泛的运用和实施,逐渐成为一项重要的税收征管原则。早在 1950 年左右就有美国学者提出了征管服务的概念。而 1988 年《纳税人权利法案》的颁布,

---

① 薛钢. 浅论纳税服务理念在税收征管中的体现 [J]. 税务研究, 2009, 287 (04): 75.

使得处于理论界的税收征管服务概念得到升华，成为指导税收征管工作的原则。这部法经过两次修订，现在已经成为纳税人在税收征管过程中寻求公平对待、维护自身合法权益的直接法律保障。① 澳大利亚的《纳税人宪章》既规定了税务机关履行职责过程的权利和义务，也对纳税人应当享有的权利和义务进行了详细规定，尤其是税务机关的义务和纳税人的权利中直接反映出征管服务原则，征管服务原则指导着税务机关在税收征管过程中维护纳税人的合法权益。② OECD③ 在 2003 年制定了《纳税人权利与义务宪章》的范本供各成员参考。我国从 20 世纪 90 年代就着手建设税收业务流程、组织机构以及税收法律主体地位等相关制度体系。虽然取得了一定效果，但受制于征管服务原则定位不清，在服务内容与服务方式上都存在着一定问题：第一，税收征管总体上秉承监管原则，税务机关始终没有良好履行其服务职能；第二，税收征管过程中的服务始终停留在表面，并没有深入实质为纳税人提供服务；第三，税收征管信息不通畅、网络不健全，直接导致纳税服务无法达到全程的系统性；第四，与征管服务相关的评价机制和保障机制的缺位制约了征管服务的发展。

而造成这些问题的原因主要是：一方面，征管服务始终是由税务机关主导，税务机关并没有对纳税人的需求进行调查了解，所以其从自身角度出发根本无法提供适合纳税人的服务内容和服务质量。根据国外经验和国内相关文件的规定，征管服务至少应当包括纳税人权益维护、税法法制宣传、税收和纳税相关资讯提供、纳税信用评价查询等内容，而这一系列纳税服务都需要建立在纳税人需求的基础之上。采集相关信息、相关信息分析归纳总结和纳税人需求的满足是一个递进式的过程，但这个过程的开展

---

① 叶美萍，叶金育，徐双泉. 美国纳税服务的经验与启示［J］. 税收经济研究，2012，17（01）：32.

② 王华君. 澳大利亚纳税服务经验及对我国的启示［J］. 涉外税务，2010，259（01）：38.

③ 国家税务总局纳税服务司. 国外纳税服务概览［M］. 北京：人民出版社，2010：36-39.

需要首先明确的是征管服务究竟是应当满足纳税人的合法需求还是合理需求，这仍然是我国实践中一个尚未解决的问题。即使确定了以合法需求为主或是以合理需求为主，那么合法需求与合理需求的边界又应当如何划分。只有这两个问题同时解决，才可能实现满足纳税人需求的征管服务。另一方面，税务机关的供给能力存在不足，提供完善的征管服务需要一定的成本，在税务机关无法从政府获得足够的资金和配套设施的情况下，其提供满足纳税人需求的服务尚存在一定难度。而且需要明确的是，纳税人需求并不属于市场供求范畴，所以纳税人需求的满足在很大程度上不能靠需求力量推动，而要依赖于税务机关的供给能力，所以税务机关供给能力是否充足，对于提高征管服务的品质和效率具有非常重要的意义。[1]

征管服务虽然应当定性为政府公共服务，但因为其与税收征管的权力相关，所以征管服务不同于普通的公共服务，纳税人享受服务的同时伴随着税务机关执法权力的行使。税收法律关系中的税收债务理论是准确把握纳税服务原则的重要理论依据。"服务源于纳税人的权利。"[2] 纳税人向国家缴纳了税款，承担了其应该承担的债务，使国家实现了税收债权。在实质上，在纳税人完税以后，国家需要提供公共服务履行自己的义务，而从更本质上的意义来理解，纳税人的债权不仅体现在完税之后，在完税过程之中，纳税人也应享有自己的基本权利，此时纳税人的基本权利就表现为在税收征管过程中税务机关应当为纳税人提供服务，保障纳税人在税款缴纳过程当中的合法权益。也就是说，对于税务机关而言，征管服务不仅是其必须履行的法定职责，同时也是其无法规避、必须履行的义务。

---

① 谭韵. 税收遵从、纳税服务与我国税收征管效率优化［J］. 中南财经政法大学学报，2012，195（06）：47.
② 李华，刘见. 权利义务相对应是准确把握纳税服务的重要理念［J］. 税务与经济，2014，194（03）：79.

二、征管服务原则的扩展

(一) 基于纳税人需求的征管服务原则

如前所述，征管服务作为公共服务的一个重要组成部分，税务机关确定服务内容和提供服务时应当以纳税人的需求为基本标准。[①] 潘力和范立新指出要提高纳税服务的品质，应当以企业的客户服务为标准，将纳税人视为税务机关的客户，以服务者姿态而不是行政机关的立场提供服务。[②] 匡雄也持一致观点，其对西方国家纳税服务成功经验借鉴的基础上，指出虽然行政管理与市场不同，但是仍然可以将行政管理领域模拟为市场，将税务机关模拟为提供服务的企业，纳税人则模拟为客户，税务机关的税收征管活动应当满足纳税人需求，同时纳税人对服务的满意度应当成为评价税收征管工作的重要标准。这样，至少在税收征管服务领域，税务机关可以从监管者角色转变为服务者角色。而薛钢则介绍了西方国家的征管服务，指出西方国家非常重视对纳税人权利的保护，而且对纳税人进行了非常详细的分类，针对不同类别的纳税人设计了多种不同的服务内容和服务方式，纳税人可以根据实际需要进行服务内容和方式的选择，[③] 进而提出我国税务机关应当根据纳税人群体的不同特点，提供有针对性的个性化征管服务。[④]

(二) 以纳税人意思表示为内容的征管服务原则扩展

从当前税法学理论来看，意思表示居于排斥地位。意思表示是私法制

---

① 俞杰. 纳税服务之法定服务突破——基于纳税人多维需求的视角 [J]. 税务研究, 2012, 326 (07)：69.
② 潘力, 范立新. 市场经济条件下纳税服务的制度条件与思路创新 [J]. 税务研究, 2004 (05)：60-63.
③ 薛钢. 浅论纳税服务理念在税收征管中的体现 [J]. 税务研究, 2009, 287 (04)：75.
④ 薛钢. 基于纳税人需求层次的纳税服务创新 [J]. 税务研究, 2010, 307 (12)：69.

度的基础概念，在私法领域，意思表示被等同于法律行为，能够形成法律规定的法律效果。"在税法角度来看，不能将法律行为作为税收要件法律关系的发生原因。"① 奥托·迈耶的"税收权力论"中缺乏意思自治的地位平等基础：税务机关在做出行为时也缺乏自由选择的空间，税务机关的行为有悖于意思自治的基本要求，税务机关的行为与意思表示不能始终保持统一。阿尔巴特·亨泽尔（Albert Hersel）所代表的"税收债务说"，或是日本、中国台湾学者继受德国学者的观点，虽然强调了"国家及地方团体和纳入者"具有对等性，但在理论上却认为，税收法律行为的成立只与税法规定有关，在税法规定范围内纳税主体的意思表示不具有任何税法意义。②

纳税人意思表示应用的局限性与传统市场交易的商业目的较为单一有关，受实质课税主义影响，纳税人的商业目的无法影响税收法律关系。但新一代信息技术所带来的新技术经济范式正深入影响着传统市场发展，随着商业模式创新，市场交易呈现多样化，不同的纳税主体参与创新，随之带来不同的商业目的。以金融创新为例，金融创新以经济效益最大化为目的，金融市场主体的各种活动都围绕此目的进行。由于金融纳税主体的税收负担是影响其行为方式的重要现实成本，那么以避税、投机为主要交易目的，通过改变各种基础金融工具结构的行为，成为金融纳税主体的主要选择。从商业目的来看，以避税、投机为主要目的的交易安排与金融创新投资、有效创新目的并不相符。避税金融交易以税收利益为主要或唯一目的，其交易行为即使符合法律规定，也具有不正当性。而投机金融交易以短线交易为主，极易造成金融市场价格波动，侵害弱势金融消费者的利益。近年来，随着现代信息技术，尤其互联网技术加快发展，资本市场资金、信息流动速度有了空前提高，出现了"互联网金融"现象，从技术层

---

① 刘剑文，熊伟.税法基本理论［M］.北京：北京大学出版，2004：57.
② 滕祥志.税法的交易定性理论［J］.法学家，2012，130（01）：94-102.

面加速影响了金融工具不同价值因素的形成，并进一步影响由此带来的收益分配的可能。此时，金融交易主体的交易意图就成为识别金融交易类型的主要标准并足以影响其纳税义务承担水平。

虽然意思表示源于私法，私法上的意思表示前提是双方当事人法律地位的平等性，但意思表示也是一项法技术，若在税法的领域，意思表示概念运用得当，会使税法主体的意思表示能够真实表达。

1. 纳税人意思表示的表示方法

税收法律关系的主体是纳税人、税务机关或国家，故税法上的意思表意人应当是纳税人或税务机关。其所要表达的意思则由不同的税收法律关系来决定，如在税收债权债务法律关系中，税务机关可能就税收构成要件中的税收客体、税收主体、税收标准和税收时效的内容进行规定。此外，这些表意需要得到税法的承认，并由此对纳税人和税务机关产生拘束力。因此，税法上的意思表示可指，作为国家代表的税务机关或纳税人作为表意主体，由表意主体发出表意，表意主体根据此意思向意思接收方表示，会产生某项特定的法律后果（或一系列法律后果），并对彼此产生法律效力。但应当注意到，纳税人"绝不会将纳税义务作为意思的内容"①。

在私法上，意思表示在私法自治——个人通过法律行为使法律后果产生的能力——的适用范围内，这种表示就产生法律效力。意思表示是一种具有决定性的行为。意思表示的构成显然由内在意思（目的意思、效果意思、表示意思、行为意思）及外在表现（表示行为）构成，但构成的要素组成则存有歧见，主要有"五要素"论、"三要素"论、"四要素"论之分。②"对一般法律行为成立要件的不同认识是形成上述不同构成要素观点

---

① 杨力．纳税人意识：公民意识的法律分析［J］．法律科学（西北政法学院学报），2007，157（02）：25.

② 梁慧星．民法总论［M］．北京：法律出版社，2001：189-192.

的直接原因。"① 在税法上，意思表示同样由内在意思与外在表现构成，但需要在税法语境下确立自己的构成要素。可以直接确定的是外在表现，即表示行为，表意人在客观上表示某种法律效果的意思，如税务机关的税收稽查行为。而内在意思的构成则要考虑到在税收法律关系中，税务机关与纳税人之间并无各自利益的冲突，税务机关的公权力基础是服务纳税人。因此，基于这一因素的考虑，内在意思的构成中若沿用诸要素说，势必存在问题。在私法上，目的意思和效果意思强调行为人从事某项行动的自觉性，排除了受强制和无意识等状态，依此理解，目的意思和效果意思在税法上显然不能解释纳税人因何纳税。表示意思虽然是表意人认识到其行为的意义并愿意接受法律拘束的心理状态，但与表示性相结合，使表意人"参与到法律交往中"。此外，行为意思可以包括在表示行为中。② 因此，在税法语境下，纳税人意思表示的内在意思构成是"参与"税收法律行为"交往的意思"。"表示人不仅仅是有意地进入法律交往层面，而是意欲对法律关系的发挥形成改变作用，其作为法律主体积极地行事，追求法律行为上的好处第一。"③

　　私法上的意思表示方式可分为明示与默示，至于税法上的意思表示方式是否能等同之，也需要具体考察。由于税法领域的特殊性，纳税人的意思表示需要考虑到纳税人与私法上个人界定的不同。由于纳税人既是一个整体性的表达，也是个体性的表达。当纳税人是整体性的表达时，明示或默示均属于宏观范畴的概念，这涉及税法制定与遵守问题。纳税人的明示表示当属纳税人在税收立法中的参与意愿，默示的表示则是所有纳税人对

---

① 刘新熙. 论意思表示的构成要素 [J]. 南昌大学学报（人文社会科学版），2006（05）：33.

② 表示行为本身就是一种有意识、自觉的行为，单纯的毫无意识的行为不能称为表示行为，表示行为本身必然包含对行为的意义的理解和目的的追求。

③ 耶尔格·诺伊尔，纪海龙. 何为意思表示？[J]. 华东政法大学学报，2014，96（05）：52.

税法颁布以后的遵守意愿。纳税人参与税收立法有直接参与和间接参与之分。纳税人的直接参与即为税法草案提供立法建议，如我国 2011 年《个人所得税法修正案（草案）》就向全社会征集立法建议。纳税人间接参与税收立法是通过代表制以投票方式参与税法制定。默示的遵守实质上是，在税法生效后，以自主纳税的意愿表示对税法的遵守。值得一提的是，在代议制政体下，税法的制定过程是一个利益博弈过程，代表的背后存在不同的利益团体，通过利益团体、代表的影响，在税法制定过程中以选票的形式表达。但在我国，税收授权立法的现象很突出，政府成为直接的税收立法人，破坏了纳税人的意思表示环境，就某种程度而言，纳税人对税法的不解、排斥也是纳税人意思表示不真实的反映。

当纳税人是个体性时，明示的表示方式是直接表露对税法的遵守。默示的表示方法，按私法理论应由特定行为间接推知，但默示的表示在税法上则难以界定。如根据欧盟规定，非欧盟游客在欧美境内一次性购买物品可办理退税，但中国游客经常忘记申报退税，且该国税务机关也没有通知退税，对于这种情况，为保护纳税人的合法权益，应推定游客默认申报退税申请。

2. 纳税人意思生效规则

按民法上意思表示生效规则，在有特定相对人的意思表示中，意思表示根据对话方式和非对话方式分别采纳了解主义和到达主义。而无特定相对人的意思表示中，意思表示一旦完成，就产生效力，即表意主义。税法上的意思表示生效能否沿用民法意思表示生效规则？

就纳税人的意思表示生效规则而言，纳税人的意思表示相对人只有税务机关，因此不存在无相对人的意思表示类型。"税法上的意思表示是否生效，并不一定要税务机关完全了解并接受该意思表示，而只要税务机关在客观上已经收到该意思表示就可以了。"① 此外，随着互联网技术的不断进步，"电子税务""互联网税务"等模式使纳税人对税务机关发出的纳税申报、减免等意思表示的"到达"的含义变得更加复杂化。依我国现有规定，各地税务机关对以上意思表示以网络形式申报，是否属于书面的意思表示存在不同规定，这也属于尚待消解的争议问题。

3. 纳税人意思表示的类型

如前所述，纳税人的意思表示有两层含义，作为整体的纳税人的意思表示和作为个体的纳税人的意思表示。作为整体的纳税人的意思表示主要体现为纳税人在税收立法上的参与，使之能够在税法上确认税收债权债务法律关系。纳税人参与税收立法，可以通过直接方式，也可以通过间接方式。大部分国家纳税人参与税收立法主要以代议制的间接参与为主。在参与立法中也有代表性机构如纳税人协会的参与，"纳税人协会在税收立法中的主要职能包括参与税法的制定和修改，代表纳税人的利益，将建议组织化、制度化地向政府表达"②。

作为个体的纳税人的意思表示主要表现为纳税申报。纳税人按照税法的相关规定向税务机关报告纳税事项的行为被称为纳税申报。一般情况下，"税捐申报行为系将课税基础之项目、金额乃至自行计算之税额，通知稽征机关，故其性质上具有观念通知之准法律行为性质"③。在税法上，纳税申报是纳税义务发生的前置程序，而纳税义务的发生是根据税法构成要件而确定的，不以纳税人的意思表示而更改。但是，当纳税人在申报过程中，提出了税收减免或费用扣除的意思时，这种表示是纳税人为达到减免税负的目的，经税务机关按照税法规定予以承认的一种法律效果，属于

---

①　李刚. 税法与私法关系总论——兼论中国现代税法学基本理论 [M]. 北京：法律出版社，2014：161.

②　黄建. 论我国纳税人协会治理功能的完善——国外经验与中国对策 [J]. 税务与经济，2013，188（03）：77-83.

③　施正文. 税收之债的消灭时效 [J]. 法学研究，2007，171（04）：55-68.

纳税人的意思表示。

一般认为,"税收担保纳税人请求税务机关接受特定之担保,在性质上,如同请求税务机关为特定行为的申请,是纳税人在税法上的一种意思表示"①。但通过在税收担保制度中抽象出税收担保合同概念,会发现税收担保合同的合意性特点。这种合意性特点既有税务机关无权强迫纳税人及第三人提供担保,也有担保人和税务机关需要对担保细节进行协商而无法单方面确定,还表现在税收担保设定后,基于正当理由,担保人可以变更税收担保合同的某些内容,但这种合意性又受到税收法定主义与税务机关优位的限制,因此体现出了税收担保中税务机关和纳税人之间的共同意思表示的状态。虽然留置担保有法律直接规定,但属特例,因此,纳税担保在性质上是行政合同还是民事合同存在争议,但都属于双方共有的意思表示,而不是纳税人一方的意思表示。

4. 纳税人意思表示的拘束力

在私法上,相对人基于对表意人意思表示的信赖所为,形成有效的行为,不得随意更改或解除,以意思表示不真实或不自由为例外。当税法通过意思表示这一立法技术与私法"联接"时,能否搬用私法上意思表示的拘束力规则,根据主体不同需要分别讨论。

纳税人的意思表示有整体意义和个体意义上的分类,虽有共同之处,但也有各自的特点。整体上的纳税人意思表示是一个抽象意义的概念,如果援用私法上意思表示的拘束力规则,根据有无相对人而言,税务机关及政府应该是相对人,而何为"到达"?何为"了解"?从立法的严谨性而言,私法意义上的"到达"和"了解"规则都无法满足税务机关对纳税人的立法意思表示知情的程度,显然无法作为整体性纳税人意思表示的生效规则。因此,整体性纳税人的意思表示应当具体化到个体意义上的纳税人意思表示。

---

① 熊伟. 作为特殊破产债权的欠税请求权 [J]. 法学评论, 2007, 145 (05): 90-97.

个体意义上的纳税人意思表示，体现在纳税申报、税收担保等内容上。在纳税申报中，纳税人的税收减免或费用扣除意思表示，在没有到达税务机关管辖范围之前或之时，有充分的权利撤回该意思表示。但在税收担保中，可能会基于双方的合意约束性，纳税人的担保申请需经税务机关的认可，方得撤回。

个体性的纳税人意思表示若存在表示不自由，则应有权撤销该意思表示，但需要区别是因"胁迫"还是因"欺诈"。虽然意思表示不自由会形成自始无效的法律后果，但"相对人本身为胁迫时，表意人不负任何损害赔偿，当属自然。设胁迫系有第三人所为时，善意相对人就其信赖利益得否请求损害赔偿，不无疑问"①。也就是说，当纳税人的意思表示受到税务机关的"胁迫"时，其意思表示所形成的损害，应由税务机关承担，但若是由第三人"胁迫"，所造成的损害赔偿则需基于人权保障与公共利益的具体考量。若存在意思与表示不一致的瑕疵情况时，也应区分"虚伪表示"与"错误表示"的情况。"虚伪表示"不管是单方还是通谋，均构成违反税收构成要件的规定，从而无效。因此，纳税人的"虚伪表示"在没有形成危害前，可允许其撤销该意思表示。"错误表示"的类型需要考虑，那么应当如何考虑呢? 纳税人的撤销权行使应当慎重。意思表示的撤销只有在没有关涉到第三人利益时，才可以撤销;只能在纳税人自己存在错误或过失的情形下，其才可能拥有撤销权。

5. 纳税人意思表示的解释

意思表示的解释问题关乎我们能够在何种程度上理解意思表示。至于是所有的意思表示都需要解释，还是产生疑问时才需要解释，无论是私法上还是公法上都存有争议。梅迪库斯（Medicus）认为，"法律工作者解释的对象主要是法律和意思表示"②，拉伦茨（Larenz）则觉得，"在对如何

---

① 王泽鉴. 民法总则 [M]. 北京: 北京大学出版社, 2009: 376.

② 迪特尔·梅迪库斯. 德国民法总论 [M]. 邵建东, 译. 北京: 法律出版社, 2000: 124.

理解某项意思表示产生疑问时，就需要对该项意思表示做出解释"①。意思表示解释的"理解其实总是这样一些被误认为是独自存在的视域的融合过程"②，也就是说，意思表示的目的不管是意思主义、表示主义还是折中主义的观点，对"作者本人要表达什么意思"，桎梏了解释者与对象的范围。意思表示的解释涉及三个层次的问题：（1）特定行为是否可以形成意思表示？（2）意思表示的具体内容是什么？（3）意思表示是否存在错误或过失？因此，意思表示的理解应于文义上及理论上详为推求，不得拘泥于字面，并在税收法治与意思自治的融合中寻找连接点。

纳税人意思表示所探求的真意，应依意思表示的种类（有无相对人），及解释的层次（阐释性解释及补充解释）而有所不同③；无相对人的意思表示主要由税务机关做出，因受到税法约束，税务机关此种意思表示的解释"除了文件本身以及表示援引的公众可查阅的文书以外，只能将任何人或有关阶层的每一个成员都能认识到的情形，用作解释表示的手段"④。有相对人的意思表示的解释，则有税务机关与纳税人做出的意思表示之分。由于税务机关做出有相对人的意思表示的解释，存在税收法定、税务机关优位等因素的影响，须在相对人了解的立场，在平衡税务机关和纳税人之间的利益基础上，以客观的表示作为认定意思表示的准据。

第三节　税收征管效率原则

税收征管效率原则贯穿西方国家税收征管制度的起源和发展全过程。

---

① 卡尔·拉伦茨. 德国民法通论 [M]. 王晓晔，邵建东，程建英，等，译. 北京：法律出版社，2004：456.
② 瓦尔特·本雅明. 译者的任务 [M]//陈永国. 翻译与后现代性. 北京：中国人民大学出版社，2005：79.
③ 张驰. 论意思表示解释 [J]. 东方法学，2012，30（06）：14-23.
④ 王泽鉴. 民法总则 [M]. 北京：北京大学出版社，2009：376.

税收征管效率原则指的是税收征管工作应当在以政府税收征管行政效率提高的基础上推动经济机制的高速及高效运转，实现行政资源的优化配置，达到利益最大化目标。英国著名经济学家亚当·斯密（Adam Smith）曾指出，赋税征收的最低要求是国家收入应当等同于公民的付出。德国财税学家阿道夫·瓦格纳（Adolf Wagner）也主张征税过程中应当遵循"征收费用最小化原则"。虽然没有明确使用税收征管效率原则一词，但这些观点指向的都是效率原则。从征税服务原则角度来看，在互联网金融直接融资税收征管过程中，纳税人对税收征管行政工作拥有知情权、监督权和批评权等基本权利，这是纳税人不可剥夺的权利，同时其必须履行及时足额缴纳应纳税款的基本义务；税务机关应当在税收征管工作的开展中为纳税人提供优质高效的服务，维护纳税人基本权利。如果纳税人和税务机关都遵循上述要求，税收征管效率原则就很容易落实，但是在互联网金融直接融资的税收征管实践中，一方面纳税人会通过技术手段或制度漏洞逃避税款缴纳义务，另一方面税务机关会基于其行政部门地位，利用权力降低征税成本获取更多的税款。因此，在实践中，要落实税收征管效率原则还存在诸多障碍。

一、税收征管效率原则基本启示：实体效益与程序效益并重

很多西方经济学家在很早之前就已经关注到了税收征管中的效率原则，并在各自的论著中进行了细化和阐释。例如，英国经济学家威廉·配第（William Petty）在其《赋税论》一书中就提出了税收征管中应当遵循的三项基本原则——公平、简便、节省，其中节省意指应当提高税收征管的效率，使税款征收过程中的损耗达到最小，这也是税收征管中应当遵循的效率原则。德国财政学专家约翰·海因里希·尤斯蒂（Johann Heinrich

Justi）对税收征管中的效率原则进行了详细的阐释。① 为了维护国家的税收利益和减轻人民的纳税负担，税款的征收必须以效率最高的方式进行，将税款征收过程中的成本降至最低。如果税款征收过程中的不必要成本变多，那么只可能产生两种情况：第一种是国家税收总额不变，但人民需要缴纳更多的税款以弥补这部分不必要的成本；第二种是人民缴纳的税款保持不变，但是国家的税收收入因为付出了不必要的成本而总额减少。无论何种情况都是有损经济社会整体利益的，因此都无法得到认可或承认。英国著名经济学家亚当·斯密在其论著《国民财富的性质和原因的研究》中提出了"平等、确实、便利和征收经济"的税收征管原则，亚当·斯密的观点是赋税的征收应当使国民的付出与国家的收入保持一致。其税收征管原则中确实和便利意味着需要从纳税人角度降低纳税成本，而征收经济原则就是从税务机关的角度降低征税成本，提高税收征管中的效率。德国著名财税学家、经济学家阿道夫·瓦格纳在其《财政学》一书中提出了著名的"四端九项"的征收原则，其强调税收征管过程中必须秉承"确实、简便和节省征收费"的原则。瓦格纳的观点是对亚当·斯密提高税收征管中效率观点的继承和发展。德国现代财政学家理查德·阿贝尔·马斯格雷夫（Richard Abel Musgrave）在其《财政理论与实践》一书中指出税收征管过程中的管理成本和征纳成本必须降到最低才可能实现税收征管中的高效率，可见马斯格雷夫也提倡税收征管中的效率原则。②

自此之后，西方学界对税收征管中的效率原则展开了非常深入的研究，主要成果集中在从两个角度提高税收征管效率。第一个角度是降低税收成本，从以前关注降低税收管理成本到更加关注纳税成本的降低，有英国学者对 1973 年的纳税成本进行统计发现其占税收收入的近 4%，也有美国

---

① 郝春虹. "财政学"理论发展及研究性质综述 [J]. 兰州商学院学报，2010，26（06）：39-48.

② 董晓岩. 税收征管效率研究综述与内涵辨析 [J]. 税务与经济，2010，173（06）：79-85.

学者对 1984 年的纳税成本进行统计后发现其占税收收入的 7% 以上，这些数据都直接反映出纳税成本占税收收入的比例过高，致使税收征管的效率低下，要提高税收征管效率首先必须降低的是纳税成本。① 第二个角度是提高税收征管的有效性。美国学者阿林厄姆（Allingham）和桑德姆（Sandmo）提出了税收遵从理论，其通过对历史数据建立起实证分析模型，发现纳税人不按时按量缴纳应纳税款的原因主要集中在税率水平过高、社会道德约束不足、被发现的概率低以及法律惩罚措施不严厉等方面，因此提出要从这些方面进行全面完善提高纳税人的税收遵从，以此提高税收征管的有效性及效率。

而在税法上，税收征管法律规制的效率原则是"税收征管制度的设定必须能够满足经济效益的需求。即税收征管制度运行所带来的税收实体法价值实现以及税收程序法本身的公正价值所产生的收益，必须大于税收征管制度运行过程中所必须投入的成本。亦即稽征程序应当符合最小成本与最大效益的要求"②。因此，税收征管效率原则应当贯穿互联网金融直接融资税收征管的全过程，即税务机关应当依据税收征管法所赋予的法定职权迅速调查与纳税人相关的应有事实，给予纳税人参与表示的机会，在与纳税人协商后，做出客观公正的实体法上的正确处分。为协调公正的实体结果所带来的效益与公正的程序过程所产生的效益，一般而言，需要坚持"程序与实体不可分离"③。

互联网金融直接融资税收征管成本分为纳税人的纳税成本与税务机关的税收征管成本。纳税人的日常个人经济活动应建立在其知晓预期税收负担的基础之上，而纳税人如何知晓其纳税义务与税负成本，则需税务机关尽最大努力，依照税收征管法要求提供纳税人相关税法规则的信息供纳税

---

① 崔威. 税收立法高度集权模式的起源 [J]. 中外法学，2012，24（04）：762-781.

② 陈清秀. 税法总论 [M]. 台北：元照出版社，2006：472.

③ 孙海波. 通过裁判后果论证裁判——法律推理新论 [J]. 法律科学（西北政法大学学报），2015，33（03）：82-95.

人参考，使纳税人能够计算出税收实体规则的真正效益。税务机关则依照税收实体规则与税收征管法的要求，通过有效查明事实的手段，彻底落实税法规则。

二、税收征管效率原则的补正

目前，我国税收征管制度运行中税务机关投入的成本以及纳税人遵从制度的成本偏高，税收成本在国家税收总额中所占的比例仍然较高。而复杂难懂且不透明的金融工具的引进，使得金融产品差异化，表现为掩盖而非公开数据、齐聚而非分散风险、提高而非降低资本成本、制造而非解决资金短缺，从这个意义上讲，其本身并不是创新。互联网金融直接融资主体、模式的多样化为税务机关有效查明应税事实设置了过多障碍，使纳税人遵从成本过高，与"最小化纳税人对于税法遵守成本"①的原则相悖。

（一）互联网金融直接融资对税收征管效率原则的减损

互联网金融直接融资市场部分主体的投融资行为对互联网融资市场发展产生了重要作用，纳税人主体资格、纳税义务的承担是税法构建的基础性要素，因此必须对其纳税主体资格进行探讨。如前所述，从国外经验看，互联网金融直接融资最终将以机构投资人为主导，一般个体投资者将借助投资基金进行互联网融资投资。投资基金在本质上应当属于共担风险和共享收益的集合投资制度。但是互联网金融直接融资项目投资基金存在不同的组织形式。目前学术界和实务界争论非常激烈的问题是究竟什么样的组织形式才能成为私募股权基金最恰当的组织形式。② 投资基金按照组织结构分为契约型、公司型及有限合伙型三种形式。投资基金纳税主体资

---

① 陈清秀. 税法总论 [M]. 台北：元照出版社，2006：475.
② 赵玉. 商事组织立法体系的生长：以私募股权投资基金为中心的观察 [J]. 社会科学研究，2012，203（06）：78-83.

格以不同的组织形式产生不同的结果，依据集合投资的观点，投资者并没有产生任何变化，此时当然不具有纳税人主体资格；依据资本集合体观点，投资基金将个人投资者的投资集合起来，仍然不具有纳税人主体资格；依据投资组织形式的观点，投资者的投资集合起来并独立于基金受托人和管理人，成为独立的资产集合，与外部管理者的基金管理人和托管人共同形成了人与财产的集合体，具有团体性，因而成为法律主体，能够具有纳税主体的可能性。

传统税法所确立的四大税种：流转税、所得税、财产税和行为税所对应的课税对象分别是劳务、所得或收益、财产和行为，国家在此范围就各税种对应的对象分别课税。但是，互联网金融直接融资创新使得已有征税对象的内涵与外延变得模糊，使得对其交易结构的税种设计变得困难。

互联网金融直接融资活动本质上仍然以资金融通和增值为目标，其交易活动必须依附于规定融资交易活动的文件协议或关系等契约形式，交易双方需要在股权契约和债权契约中做出选择，通常情况下需要考虑以下一些因素："股权契约是一种具有张力的契约形式，投资者的个人决策将有可能影响契约的运行机制；而债权契约就是一种典型的合同，按照既定的规则运行，投资者决策通常不会对债权契约的运行机制产生影响。按照以上两种契约形式的不同，按照经济学上的效益最大化，必须使融资交易的数额等级同契约类型相适应，才能使交易成本实现最低化而交易效率达到最高化。所以通常情况下按照以下规则进行匹配：股权契约形式与高资产融资交易相匹配，债权契约形式与低资产融资交易相匹配，而资产量不高不低的融资交易则可以匹配混合型契约形式。"① 从实质看，互联网金融直接融资商品交易与有形动产和劳务有着根本区别，并且与传统金融商品相比，更具有财产虚拟性的特点，在传统金融商品课税尚且困难的境地中，

---

① 雷新途，熊德平. 企业融资交易的契约安排：一个交易费用经济学的分析框架 [J]. 审计与经济研究，2012，27（02）：89-96.

互联网金融直接融资交易商品能否被课以流转税，会引发诸多争论。

根据《联合国范本》和《OECD 范本》的相关规定，股息指的是各类股份公司在年终进行结算时，按照一定的标准将剩余利润分配给各个股东，各个股东取得的收入。利息不关注是否有抵押担保或是否可以分享债务人收益，从各种债权中获得的收入。特许使用费是指特许权所有人将特许权的使用权转让给他人而获得的收入。[①] 从上述规定分析，互联网金融直接融资衍生模式所得很难归入股息或特许权使用费。而《OECD 范本》1995 年修订后又补充规定，按照权利不得滥用原则和形式受限于实质原则，互联网金融直接融资衍生模式不存在基础债务，也无法归入利息收入。其所得难以归属于投资所得。互联网金融直接融资衍生模式融合了股权与债权的不同特性，其收益表现为混合所得类型。尤其互联网金融直接融资定价机制的参照性，使各参与主体的权利义务都以"基础工具"的客观价值为参照，由此决定了互联网金融直接融资衍生模式的收益性质与互联网金融直接融资基础模式收益性质大不相同。

国外对交易的课税经验，有分离交易课税原则、不分解的征税原则、按市价重估价值的征税原则三种观点[②]，都严格区分了与一般商业交易的目的性区别。但其差别在于交易目的性能在何种程度影响交易所得的性质，以及对于交易的法律形式能否成为认定交易所得的基础。

传统金融交易中，法律形式上的所有权人往往是有权处分金融资产并承担风险和收益的人，因此，在传统税法规则中往往根据该金融资产的所有权归属来判定金融交易的利益归属，进而确定纳税义务的承担主体。互联网金融直接融资使得经济权利与法律所有权出现不一致的现象，导致无法准确确定经济收益在法律上的所有权人，进而也就无法确定应对该项经

---

① 廖益新，邱冬梅．利息或是股息——资本弱化规则适用引发的定性识别冲突问题 [J]．暨南学报（哲学社会科学版），2009，31（04）：57-66，154．

② 刘建红．对金融衍生工具的课税：原则、冲突与实践 [J]．涉外税务，2004，17（06）：32-36．

济收益的纳税义务人。如果根据经济属性来确定收益归属，则意味着承认同一融资现金流存在多重所有权人。① 在来源于该资产的所得能够享受税收优惠待遇的时候，所有权的存在便可能导致税收优惠重复，从而取得税收套利的机会。

根据互联网金融直接融资相关所得性质，其课税时点认定标准有三：收付实现制、应收应付制和权责发生制。通常情况下，权责发生制可用于确认利息收入，收付实现制可用于确认股息收入。因此，互联网金融直接融资的风险主要在于投资者转让股权获得的收入是否及时足额缴纳了所得税。对于企业投资者，只有在股权转让协议生效且股权变更手续完成之后，股权转让收益才得以确认，此时在扣除成本之后的股权转让收益应并入应纳税所得额。所得税的征管应当根据投资人身份的不同适用不同的所得税法相关规定。② 税务机关可以通过与互联网金融直接融资平台的合作，得到投资人的准确身份信息。对于企业投资人，每月根据支付平台提供的信息对企业的利息收入进行归纳汇总，与企业纳税申报表的"投资收益"进行自动对比，核对企业是否将利息收入计入投资收益并列入应纳税所得额；对于个人投资者，由支付平台对每笔利息收入按"利息、股息、红利所得"项目扣缴20%的个人所得税后再向投资人支付。③

基于以上因素，纳税人与税务机关在现有税收征管法的程序性规定情况下，无法依据实体规则进行纳税申报等活动。

（二）效率原则的补正：类型化思维

税收征管程序应力求简化，以符合纳税人对税收遵从成本最小化的要

---

① 张春丽．我国金融衍生品税法性质及规范研究［J］．政法论坛，2015，33（06）：127-137.

② 汤洁茵．证券转让收益课税制度的适用：争议与完善［J］．税务研究，2014，348（04）：54-60.

③ 刘磊，钟山．互联网金融税收问题研究［J］．国际税收，2015，25（07）：56-60.

求，必要时，需引进"类型化观察法"，采取统一的类型处理方式，以减轻纳税人的负担。①

类型化方法在税收立法上有大量应用，其思路与"大量法"的立法意图相结合，制定出"合乎实用"的税法规范，尤其是大量税收规范性文件的创制。而在税法解释过程中，受到税收法定主义和税收公平主义的约束，税务机关必须对每一起案件事实尽职调查，并严格进行税法解释。但是税务机关的工作量与日俱增，疲于应对各种税务案件，"我国的征税效率与发达国家相比非常低，有的落后地区甚至出现税收收入不足以弥补征税成本的现象"②。为了有效利用有限的税收稽征资源，在税收法定主义的框架下，应当关注类型化思维的应用，在个案正义与税收效率之间寻求平衡点。

税法解释类型化方法的应用在德国有较长历史。早在1951年，就有一起典型的适用类型化方法来解释税法事实的争议案件，并以此确立了类型化方法在税法解释上的先例。德国联邦税务法院认为，由于法律存在反复适用的情形，即使个别纳税义务人存在与法律规定不一致的权利或利益，但在此类案件中，必须建立类型化，使法律有可行性。并在一定的限度内，可以不予考虑纳税义务人。舒尔茨·奥斯特罗教授认为，税法上类型化是法律解释的结果，是否能够被法律承认，应当依一般方法论原则加以判断。德国联邦税务法院在20世纪五六十年代通过案例实践，发展出了类型化方法正当化运用的三大立论依据：稽征经济原则、课税平等原则和私人领域之尊重。③ 此后，税法解释的类型化方法逐渐得到适用。

基于二战期间的行政权力独大酿成的惨剧，德国对税法解释类型化方

① 国家税务总局税收科学研究所课题组，朱广俊，张林海，等. 税收现代化目标体系建设研究 [J]. 税收经济研究，2015，20（03）：7-20.

② 廖雄军. 政府征税成本与征税效率的比较研究 [J]. 学术论坛，2008，204（01）：73-78，91.

③ 陈清秀. 税法总论 [M]. 台北：元照出版社，2006：265.

法的稽征经济原则产生了不同的声音。持反对意见方的理由主要是税法类型化解释已由税务机关现行适用于案件事实的判断，故法院之职责乃对全案进行全面调查，探寻税法规范的差异性，以求得个案正义，不能再适用类型化解释方法；此外，该方法的运用缺乏事实法上的依据。但沃尔夫冈·阿恩特（H. W. Arndt）认为，在战后恢复期间，税务稽征机关所面对的工作压力以及法律在内部应受行政规则拘束等因素，使类型化的法律执行方式有天然的优势。约瑟夫·艾森斯则持较为温和的态度，他认为司法机关虽然是控制机关，但不存在税务稽征机关面临的税务稽征效率原则，其任务是监督。应当排除恣意简化法律执行的方式，并在类型化解释所形成的普遍利益与个别利益间形成合理的比例关系。

此外，德国学界对将作为平等原则的立论依据也有质疑。H. W. 克鲁斯认为课税平等原则的本意是相同事物之间应为相同处理，没有正当理由不能差别对待。[1] 但实践中类型化方法时常出现反向结果。就课税平等原则而言，税法解释类型化处理出现纳税义务人受到差别化待遇的局面，即部分纳税义务人的收益或不收益是基于事实关系，与通常的案件相比较，其含有有利或不利于税捐义务人之差别。而被正确课税者，因其所实现之事实关系与所认定的典型案件相一致之故。因此，在此意义上的课税平等的价值是一般意义上的平等优先于个案平等，是形式平等，而不是实质平等，不能构成税法解释类型化处理的立论依据。

德国在税法解释中采用类型化方法的初衷是解决税务稽征资源有限性问题，但理论上对类型化方法立论依据的质疑却绵延不绝。同时，在实务中，为追求行政效率，也出现了过度类型化的趋势，不断突破了税法实定的底线，成为长期困扰德国财税司法实务界的两难问题。德国司法实务界有渐从类型化方法退却的趋势。[2] 但类型化方法对于税务稽征机关的重要

---

[1] 陈清秀. 现代税法原理与国际税法［M］. 台北：元照出版社，2010：192.
[2] 黄茂荣. 法学方法与现代税法［M］. 北京：北京大学出版社，2011：272.

性仍然是不言而喻的。为从这一尴尬境地脱困，德国税法界开始强调"以租税简化达成租税正义"①，即税法解释的类型化处理不仅限于经济效益的考量，更应寻求税收正义目的达成。这一趋势也影响到了其他大陆法地区的实践。以我国台湾地区为例，多数学者以"稽征经济原则"作为支持税法解释类型化方法的背书，台北"行政法院"亦承认司法机关对于行政处分瑕疵判断标准的类型化，认为"行政处分之程序上瑕疵，样态繁多，其对事实认定所造成之影响，也不能一概而论，应视瑕疵种类不同，而产生不同之法律效果。……至于哪些瑕疵事由应采取'抽象因果关系说'，哪些瑕疵事由采取'具体因果关系说'，其判断标准，乃须唯有法院在个案中决定，并逐渐类型化，以形成体系"②。但自税法类型化方法过度引发的课税平等原则的危殆后，台湾学者开始检视税法类型化的合理性。盛子龙认为税法类型化"应以租税简化为目的，以租税简化原则代替稽征经济原则，更能凸显税法类型化的目的"③。林锡尧大法官则进一步道出了传统税法解释类型化方法危机的根源，类型化方法无可避免会有不公平的个案与附随效果产生。过分强调个案不公平，会使类型化方法失去意义。平等原则乃是本质上相同之事物应为相同处理，是否违反平等原则，乃未确认何为本质上之相同。

　　但类型化方法并不仅以租税简化适用于互联网金融直接融资。其更需考虑类型化方法的适用能否实现税法规则的立法意图，即是否能够准确判定互联网金融直接融资主体的税收负担能力，互联网金融直接融资交易结构是否改变了税法适用的范围等类似的意图。并能在一定程度上实现税务机关因互联网金融直接融资的纳税成本过高，而简化税务的效率原则。但类型方法应趋向于通常的情形或平均的情形，并不得过度损害个案正义。

---

① KIRCHHOF P. Steuergleichheit durch Steuervereinfachung [J]. DStJG, 1998 (21): 9-28.
② 陈清秀. 现代税法原理与国际税法 [M]. 台北: 元照出版社, 2010: 193.
③ 盛子龙. 租税法上类型化立法与平等原则 [J]. 中正财经法学, 2011, 3 (07): 153.

第四章

互联网金融直接融资税收征管法律规制的域外经验

随着与互联网金融直接融资相关的行政规章的出台，我国基本确立了互联网金融直接融资的模式、参与主体的权利与义务、利益分配等内容，为促进我国互联网金融的健康发展提供了制度保障。尽管如此，我国互联网金融课税的立法与实践的滞后，使互联网金融直接融资各主体承担着极大的政策风险，不利于互联网金融直接融资创新与发展，及时完善互联网金融直接融资税收征管法律制度已成为一个亟待解决的问题。

"比较法的首要目的是说明特定的法律制度间存在哪些差异或相似性，以及为什么会存在这些差异或相似性。"① 一般而言，要进行比较法研究，需要研究当地的税收文献和私法判决，以了解不同国家的人民如何对待税法，以及不同法律制度的参与者如何进行行动。因此，对不同法律制度精神和风格的比较是非常重要的研究方法。

众筹融资出现于英国，在北美地区和欧洲国家发展迅速，北美、欧洲等国家占据着众筹融资领域的主导地位。2008 年以来，上述国家的众筹融资总额占世界众筹融资规模的一半以上。美国、英国等国家逐步重视众筹融资所引发的税收征管问题。因此，本章主要以互联网金融直接融资发达国家为考察对象，研究各国对本国互联网金融直接融资采取的税收征管措施，为我国互联网金融直接融资税收征管提供借鉴。

---

① 维克多·瑟仁伊. 比较税法 [M]. 丁一，译. 北京：北京大学出版社，2006：3.

第一节　互联网金融直接融资税收征管法律
规制域外经验借鉴必要性

一、降低融资成本的共同举措

各国对互联网金融直接融资的各种模式均实施了税收优惠措施。在世界经济普遍不景气的背景下，推动互联网金融融资模式发展，能够突破小微企业融资困境。虽然互联网金融融资模式较之传统融资模式有先天的成本优势，但利用税收优惠继续扩大这一优势则成了西方主要发达国家的普遍选择。其中，对互联网金融直接融资所有参与主体的税收优惠成了这一系列措施的核心内容。各国采取税收优惠的措施有所不同。美国对互联网金融直接融资的个人所得税优惠主要是基于《美国税法典》的相关优惠待遇，并没有制定新的税收优惠法案或指南。而对中介平台的税收优惠主要是以《创业企业激励法案》为基础，由各州制定适合本州情况的税收优惠法案。① 英国则针对互联网金融直接融资的个人所得税与中介平台均制定

---

① 2013 年，弗吉尼亚州议会通过 1872 号法案，允许任何通过投资于众筹"集资门户"获得投资收益的纳税人享受所得税抵免。并要求弗吉尼亚州税务局（Virgina Department of Taxation）根据 1872 号法案要求制定《合格股权与次级债投资所得税收抵免指南》。在弗吉尼亚州税务局评估该税收抵免计划对弗吉尼亚州财政收入没有影响的前提下，该计划为合格投资人就其合格投资所得税提供了 50% 的抵免额度，并对合格投资人限制、每人税收抵免额度、税收抵免总额进行了规定。首先，要求合格投资者不能是掌握信托投资资金超过 1000 万美元并按照《创业企业融资法案》股权或债权形式投资于私营企业的投资者或者从事于类似投资的合伙企业合伙人、股东等投资者。其次，对合格投资人的税收抵免不能超过其每年纳税总额或 50000 美元，具体包括可在 2013 年度中第一次获得个人所得税抵免并持续 15 个纳税年度或者税收抵免总额不超过 50000 美元。最后，该项计划的税收抵免总额不能超过 2013 年财年规定的 400 万美元的限度。弗吉尼亚州议会要求将该税收抵免额度的至少一半额度用于商业化投资，但也需要与非商业化投资所得税收抵免相平衡。

了全新的税收优惠措施，计划经过讨论后在 2016 年施行。① 日本、澳大利亚等国也实施了类似的措施。"税收征管与税收制度存在两个层面的关系：一是科学合理的税收制度是实施税收征管的前提和基础；二是有效的税收征管是达到税收制度价值目标的必经之路和基本保障。"② 发达国家能够依靠较完备的税收征管制度与发达的税收征管信息技术实现其通过税收减免切实降低互联网金融直接融资成本的目标。

二、纳税服务理念的普及

"发达国家以及经济合作与发展组织通常都认为纳税人的基本权利包括以下这些内容：有权获取与纳税相关的信息、在无法确认申报信息真实性时推定信息真实、申报信息及纳税信息应获得合理保护、在对其施加惩罚时有权进行申辩、仅缴纳法律明文规定的税款、基于税收法律法规所为行为不能被不合理撤销、不能被要求提供证明实施非法行为的证据、对不合理对待有权上诉等等。各个国家都出台了相关法律，通过法律明文规定将这些权利落到实处，切实维护纳税人的合法权益，例如，美国 1988 年出台的《纳税人权利法案》、英国 1986 年出台的《纳税人权利宪章》、澳大利亚 1997 年出台的《纳税人宪章》。"③ 各国有关纳税人权利的法律规定，都对纳税人应当享有的各种权利进行了全面详细的规定，要求税务机关必须为纳税人合法权利的实现提供基本服务和保障，肩负起维护纳税人合法权利的义务。这种对纳税人权利以及税务机关义务的明确规定，有利于在纳税人和税务机关之间形成和谐的征纳关系，提高纳税人主动纳税的

---

① 2014 年，英国财务大臣乔治·奥斯本宣布网络借贷利息所得税的减税计划，并向英国网络借贷行业协会、公众投资者等各方发出了咨询建议。在 2015 年 3 月，乔治·奥斯本还宣布推出个人储蓄津贴计划。该计划将使承担基本和更高税率纳税人的个人储蓄收入（包括利息）减免纳个人所得税（Personal Saving Allowance）。

② 陈金艳. 税收征管改革与税收制度的协调 [J]. 税务研究，2012，328（09）：70-72.

③ 张富强，卢沛华. 纳税人权利的概念及现状 [J]. 学术研究，2009，292（03）：70-76.

积极性，并有利于提高税务机关行政效率，促进国家税收权的实现。

三、涉税信息共享机制的普遍化

互联网金融直接融资市场发达国家的税收征管效率普遍较高。"西方发达国家在税源监控和税务稽查上利用互联网的信息优势取得了非常显著的成效，而这两个领域正是我国税收征管过程中相对落后的环节。"① 在以个人所得税为主体税种的美国、加拿大、澳大利亚等国，实行的都是综合所得税模式。这些国家均根据本国涉税信息与监管体系的完善程度以及公民纳税诚实度，建立了自行申报与源泉扣缴相结合的税收征管制度。互联网金融直接融资的各项所得主要属于股息红利、利息收入及其他收入，这些收益的征管制度如表4-1所示。

表4-1　域外国家互联网金融直接融资涉税及申报类型

互联网金融直接融资收益类型	源泉扣缴	自行申报
网络借贷利息收入	英国	美国、加拿大、澳大利亚、日本
股权众筹股息红利	无	美国、英国、加拿大、澳大利亚、日本
奖励型众筹融资其他收入	无	美国、英国、加拿大、澳大利亚、日本

上述国家都有比较完备的纳税代理制度、纳税信息监控机制，加之纳税人诚信纳税意识，各国税务机关与纳税人能够较为畅通沟通，保障了互联网金融直接融资税收征管的顺利进行。②

---

① 周虹，谢波峰，谷昱璇．从发达国家税收征管经验看我国税收征管机制的改革 [J]．税务研究，2006（06）：68-71.

② 卜祥来，夏宏伟．从OECD国家个人所得税改革趋势看我国税制改革 [J]．税务研究，2009，284（01）：93-97.

第二节　互联网金融直接融资域外国家税收征管具体措施

虽然对互联网金融直接融资税收征管法律规制比较研究，离不开对各国社会、经济、文化、法律制度等宏观背景的把握，但本书所关注的互联网金融直接融资域外诸国家，如美、英、澳等国具有相似或类似的社会、文化、法律背景，并且我国学者已发表了大量关于上述国家税制和税收征管法律制度的研究成果。因此，本节不再详细列举各国税收征管法律制度，主要具体研究各国互联网金融直接融资税收征管法律规制措施。

一、美国：互联网金融直接融资综合涉税信息管理制度

美国是世界上互联网金融直接融资信息中介平台数量最多、规模最大的国家，其平台涵盖了创意、商业、教育等领域。2012 年，美国《创业企业融资法案》的颁布，不仅为股权众筹融资模式在美国国内的发展提供了法律保障，也为众筹融资在世界范围内的发展起到了示范性作用。美国证券委员会（SEC）对证券有明确的法律定义，根据《1933 年证券法》对"证券"的定义①，著名的平台 ProsPer 的运营模式触发了该法第五条 a 款和 c 款——对未注册而出售证券的禁止性规定，因此，美国证券委员会在 2008 年对 ProsPer 发布了为期 9 个月的营业禁令。ProsPer 公司后来经过整改获得了美国证券委员会的重新认证。按照美国的相关规定，在平台进行交易的债权均按照资产证券处理。投资者主要通过三种方式进行投资：机构直接投资模式；单平台投资模式；混合投资模式。②

---

① 根据投资合同理论，美国证券委员会认为网络借贷证券满足了 SECv. W. J. Howey Co. 5 案中关于"证券"的定义：（1）该凭证属于投资；（2）投资于共同的企业；（3）具有合理的利润预期；（4）依赖他人的经营管理获得利润。

② 陈文 . P2P 投资基金：现状及监管 [J]. 当代金融家，2015（05）：88-90.

　　美国的借贷类众筹融资与股权类众筹融资的法律界定与我国相比有较大区别。在我国，对证券的法律定义仅指股票、公司类债券①，因此，筹资者的融资行为被视为一般民间借贷，如同银行贷款行为，一般受银保监会监管。美国《创业企业融资法案》对股权众筹融资的界定与豁免，使得股权众筹融资避免了《1933 年证券法》的严格监管。

　　美国证券监管委员会对网络借贷与股权众筹融资严格监管，反而使得这两种模式的法律构造相对简单。美国国内收入局（IRS）明确地将网络借贷与股权众筹融资证券投资收入由联邦所得税法来规制。网络借贷与股权众筹融资证券的投资主体包括了个人投资者、信托基金、S 型股份公司以及合伙企业。② 他们会像普通股票投资者一样通过经纪公司，如 Scottrade 或 Etrade 来购买、出售股权众筹融资类证券。③ 因此，无论是对投资基金还是对个人投资者而言，他们缴纳所得税是按照美国证券投资收益的相关规定。

　　在联邦政府层面，合伙企业、信托基金与 S 型股份公司都不是公司所得税的纳税主体，上述主体都作为导管实体（Pass-thru Entity）在分配各自主体净资本收益（Captial Gains）之后，分别由合伙企业合伙人、信托受益人与 S 型股份公司股东承担个人所得税的纳税义务。

　　美国政府税收收入最重要的来源就是个人所得税，个人所得税已成为对美国财政贡献最大的税种。"由于美国的个人所得税征收实行的是典型的综合所得税制。个人投资有价证券所获得的利息、股息和红利所得都应

---

① 我国法律严格规定公司债券的发行人、债务人必须是"公司"，而不是其他组织形式的企业。这里的公司不是一般的企业，是"公司化"了的企业。发行公司债券的企业必须是公司制企业，即"公司"。一般情况下，其他类型的企业，如独资企业、合伙制企业、合作制企业都不具备发行公司债券的产权基础，都不能发行公司债券。发行公司债券必须报经政府有关监管机构批准或核准，或者到政府监管机构登记、注册，否则就属于违法行为。

② Lending Club 2014 Tax Guide for Retail Investors。

③ TURLINGTON R. The Tax Implications of Equity Crowdfunding in the U. S. ［EB/OL］. VC-List，2021-10-23.

当并入个人所得税毛所得内统一征税，并不在证券税收中单独计征。"① 美国国内收入局依据《税收程序与管理法》建立了一套成熟和完善的个人所得税征管模式，保证了个人所得税的征管效率。《税收程序与管理法》中有两章规定纳税人申报纳税及信息报送规则，有五章规定税收评定规则，有六章规定税收征收规则，有一章规定违法调查规则，有一章规定争议处理规则。美国个人所得税征管模式的核心机制之一就是双向申报制度，即个人所得税的纳税人和扣缴义务人都负有向税务机关进行信息申报的义务，税务机关利用双方申报的信息进行汇总、比较，可以形成相对完整的信息链条。② 可见，在美国，税务机关获得的个人所得税的涉税信息来源包括纳税人信息申报、第三方信息申报、各类要求披露的信息、税务机关主动采集的信息等，基本形成了一个可以相互补充和印证的完整涉税信息综合管理制度。

（一）保障个人所得税的关联申报体系

美国的税收征管依赖纳税人自主申报制度。美国纳税申报的内容包括应纳税额、收入总额、免税总额、抵免额度以及扣除项目等详细信息，纳税人必须承担上述信息真实性的举证责任，以便税务机关税收征管活动的顺利开展。国内收入局要求纳税人填写纳税申报表格，纳税人需要填入个人、家庭等信息，国内收入局将不同纳税人分别列入源泉扣缴、日常预缴、纳税年度综合三种类型来决定其税前扣除的标准。③ 纳税人的各项收入会由雇主、银行、收入支付方通过填写个人收入基本纳税申报表提供给

---

① 茆晓颖. 证券投资所得课税的国际比较与启示［J］. 财会月刊, 2009, 507（11）: 89-90.

② 中国国际税收研究会. 税收征管模式发展趋势研究［M］. 北京: 中国税务出版社, 2013: 420.

③ 夏宏伟. 美国个人所得税纳税申报制度及其借鉴［J］. 涉外税务, 2011, 279（09）: 22-26.

国内收入局。除基本纳税申报表外，还需要提供给国内收入局收入类和可税前抵扣支出类的相关涉税信息。收入类主要包括了证明薪金、股票、失业救济金、合伙、信托收入、可税前抵扣的住房贷款抵押利息、学生贷款利息、福利所得、社会保障等各项表格。

1. 网络借贷投资者所得申报信息

根据《美国税法典》第 6049 节规定，国内收入局将网络借贷投资者收益定性为利息所得。[1] Lending Club 从 2013 年到 2021 年为投资者提供的纳税申报指南，分别包括了投资者从 Lending Club 和二级交易平台 Folio 获得的收益所需申报的各项收益（见表 4-2）。

表 4-2 美国网络借贷投资者所得申报信息

投资者	表格编号	表格内容
投资收益	1099-OID	利息收入、滞纳金收入和经济复苏之前未付的利息收入的收取贷款
额外奖金超过 600 美元或者其他收益	1099-MISC	杂项收入：Lending Club 奖励或推广所得
获得出售贷款后的回报或者净收入	1099-B（Recoveries）	来自经纪活动或易货兑换的收入，收益类型主要由投资者决定对债权持有时间的长短分为短期收益与长期收益
在二级交易平台 Folio 出售 Lending Club 债权获得的收益	1099-B（Note Sales on Folio）	收益类型同样主要由投资者决定对债权持有时间的长短分为短期收益与长期收益
展示相应冲销贷款	贷款冲销细节	贷款冲销细节

Lending Club 投资者需要在表格中提交其姓名、地址、电话号码，利息总额或可列入其总所得的付款总额，并在下一个纳税申报年度的 1 月 31

---

① BATTISTA P. The Taxation of Crowdfunding: Income Tax Uncertainties and a Safe Harbor Test to Claim Gift Tax Exclusion [J]. Kansas Law Review, 2015, 64 (02): 143-185.

日前向国内收入局提交。

2. 股权众筹投资者申报信息

股权众筹投资者则需要根据《美国税法典》351 节（a）规定，如果财产被一个或一个以上主体转让给一个公司，其目的只是为了换取该公司的股票，同时在该交换以后，以上一个或多个主体随即控制了［根据第 368 节（e）的定义］该公司，则不得确定任何收益或损失。因此，在入股环节，股权众筹投资主体均不发生纳税义务。当投资者将股票转让（transfer）或清算（liquidation）时，或以股东身份获得"报酬"或"额外收益"时，根据《美国税法典》351 节（b）规定，如果（a）分节本来应当适用某个交易，但如果除了该节所允许接受的股票之外，还收到了其他财产，或货币未被使用，则：（1）应当确认该接受人收到的收益（如有），但是不能超过下列两项之和：（A）所收到的货币数额；（B）所收到的上述财产的市场公允价值。（2）不得对上述所收到的财产确认任何损失。则投资者获得的收益应当与市场公允价值相当。

当投资者是合伙企业时，根据《美国税法典》第 721 节（a），对于向某合伙企业出资以换取该合伙企业中的利益而言，禁止向该合伙企业或任意合伙人确认利得和损失，其投入资金可归集为企业所有权益。①

当投资者以低于原有投资额的价格转让初创企业的股权即发生了资本损失，根据《美国税法典》规定，投资者可以根据自己持有股权时间的长短进行短期或长期资本损失的冲抵。短期资本损失和长期资本损失都执行同样的冲抵标准。纳税人在一年内的资本损失大于净收入，最多可以有3000 美元的净损失冲抵个人固定收入以减少税收风险。如果净损失额超过3000 美元，或者没有申报资本损失冲抵，可以在下一年度申请。股权众筹投资者有股息收入时，必须递交 1099-DIV 表，而且应当单独提交个人所

---

① BATTISTA P. The Taxation of Crowdfunding: Income Tax Uncertainties and a Safe Harbor Test to Claim Gift Tax Exclusion [J]. Kansas Law Review, 2015, 64 (02): 143-185.

得税中抵扣项目的申报表。

除了纳税人个人申报外，相关主体也需要进行信息申报，最终由国内收入局核算纳税人的个人所得税款。

（二）提高纳税人税法遵从度的第三方信息报告制度

根据美国权威数据统计，如工资薪酬、股息等依赖代扣代缴或第三方信息报告进行税款缴纳的收入，其申报信息的真实性高达 96%，而缺乏第三方信息报告或不依赖代扣代缴进行税款缴纳的收入，其申报信息的真实性通常不足 50%。[①]

美国各个掌握税源信息的政府部门都负有向国内收入局申报纳税人收入信息的义务，例如，国外银行账号、货币收付以及不动产转让等收入信息，相关部门都必须向收入局申报。除此之外，美国国内收入局还通过采集媒体信息、刊物信息以及行业内部数据等获取与纳税人收入相关的信息。美国获取第三方信息的方式为要求各方主体承担向收入局申报收入信息的义务，据统计，美国国内收入局每年会收到来自各个第三方多达 13 亿份的税源信息报告表。《美国税法典》中的信息与纳税申报一章中包括第三方的信息报送和纳税人的纳税申报两项基础性内容，其中第三方信息报送规则中规定了美国境内相关部门和主体都应当向美国国内收入局报送纳税申报准备信息、取得薪酬的雇员信息、与他人交易信息、应按特殊规定处理的主体信息、养老金发放与领取信息等五大税源信息，并详细规定了申报的内容和程序以及采用何种方式管理这些信息。

美国通过立法规定，为协助投资者向税务机关提供真实完整的纳税申报表，证券公司应当在投资转让时为纳税人即投资者核算成本信息。据相关部门通过科学手段预估，该项规定将在 10 年内为美国增加 67 亿美元的

---

① 潘雷驰，叶桦．美国涉税信息综合治理机制对我国税源专业化管理的启发 [J]．税收经济研究，2012，17（04）：30-36．

税收收入。而且如信用卡和借记卡等电子支付交易平台，应当同时向交易方和美国国内收入局提供其收入支出的交易额，一方面便于交易方填报纳税申报表，另一方面也可以保证美国国内收入局获得准确的第三方信息，以便核实纳税申报表的真实性。

（三）税务机关主动获取涉税信息的法律规则

美国现在的信息共享制度非常发达，大大降低了纳税申报表信息虚假的可能性。美国国内收入局享有传唤询问纳税人及相关关系人、书证物证调取、现场勘查取证等强有力的行政权力，可以主动获取非常准确真实的大量第一手信息。美国国内收入局在不向证券交易委员会提供任何涉税信息的前提下，仍然可以强制其提供上市公司的相关信息。美国国内收入局可以要求银行甚至私有银行提供其客户所有与税收相关的资金信息。美国国内收入局拥有先进的技术可以将各个部门申报的纳税人信息置于其税务代码之下，将所有信息进行对比核查，以确定纳税人申报的纳税信息是否真实可靠。美国国内收入局重点核查高收入者提供的纳税信息，每年对所有个人所得税纳税信息大概进行 2% 左右的抽查，纳税信息核查对所有纳税人都形成了非常强的威慑力。①

同时美国对不提供纳税信息或提供虚假纳税信息的纳税人规定了非常严厉的惩罚措施。纳税人需要保证纳税申报书中所有信息真实可靠、没有任何虚假信息、已经提供所有涉税信息并且没有任何隐瞒，纳税人需要在申报表中做书面宣誓并签名，代表其认同提供的上述信息。按照《美国税法典》的相关规定，如果纳税人没有提供完整纳税信息或提供虚假纳税信息，那么将被认定为伪证罪，除了需要按规定补缴应纳税款外，个人纳税人将面临最高 25000 美元的罚金或最长一年的监禁，或两者并

---

① 王道树. 税收流失估算：美国的经验及其对我国的启示 [J]. 涉外税务，2011，278（08）：12-22.

处，公司纳税人将面临最高 100000 美元的罚金，并需要承担与诉讼有关
的所有费用。[①]

二、英国：与网络借贷减税法案配套的税收征管制度改革

众筹融资兴起于英国，英国金融当局是世界上首先制定众筹融资监管
法规的国家。英国众筹融资行业协会在制定《众筹融资行业自律准则》的
基础之上，英国金融行为监管局（FCA）在 2013 年发布了《关于众筹融
资平台和其他相似活动的规范行为征求意见报告》，旨在监管众筹融资，
保护金融消费者权利。该报告对众筹融资为小微企业融资提供了高效率、
低成本渠道的价值高度认可，并认为众筹融资应当与银行贷款、风险投资
一并成为企业融资的重要方式。[②] 为促进众筹融资的发展，英国金融行为
监管局鼓励通过降低众筹融资准入门槛，使更多的企业和投资者进入众筹
融资市场，但是投资者应当具备市场风险的识别能力。在已有金融消费权
益保障制度的基础之上，英国金融行为监管局认为应当单独制定众筹融资
投资者保护法案。依据该征求报告的基本观点，英国金融行为监管局在
2014 年正式出台了《众筹监管规则》，将股权众筹和网络借贷纳入监管范
围，并实行了运营牌照制度。

（一）英国网络借贷减税法案

英国替代性金融市场（Alternative Financial Market）规模超过 50 亿英
镑，其中网络借贷占比高达 79%，成为英国金融市场中一股非常重要的力
量。2014 年，英国财务大臣奥斯本宣布对网络借贷利息所得税的减税计

[①] 黄春元，张战平，金玉珊. 中美个人所得税制度的比较及对我国的启示 [J]. 税务与经
济，2014，193（02）：101-105.
[②] 姚海放，彭岳，肖建国，等. 网络平台借贷的法律规制研究 [J]. 法学家，2013，140
（05）：94-110，178.

划，并向英国网络借贷行业协会、公众投资者等各方发出了咨询建议。在 2015 年 3 月，奥斯本还宣布推出个人储蓄津贴计划。该计划将使承担基本和更高税率纳税人的个人储蓄收入（包括利息）减免纳个人所得税（Personal Saving Allowance）。但是英国海关与税务总署（HMRC）认为在现有复杂税制框架下，个人所得税减免方案执行会过于烦琐，以至于筹资者和网络借贷平台都难以操作，投资者也难以享受个人所得税减免带来的好处。

在英国政府宣布的 2015—2019 四个财政年度个人储蓄减税计划中，将基础税率纳税人和更高一级税率纳税人的税收宽免额度分别提高到 1000 英镑和提高了 500 英镑，而缴纳其他税率的纳税人则不享有此待遇。这一计划将网络借贷的贷款利息视为储蓄利息。英国《2007 年个人所得税法》第 3 章第 15 部分规定了个人所得源泉减免规则。网络借贷的贷款利息则属于第 3 章第 15 部分明确规定的"年度利息"（包括时间超过 12 个月贷款所获利息）。一旦网络借贷的贷款利息符合该法第 3 章第 15 部分规定，则可以享有相应的减免额度，但需要确定贷款的期限、投资者的身份和住址、筹资者的身份。这样的规定对"一对一"模式的贷款利息减免执行是合理的。现有个人所得税的源泉扣缴规则一般适用于除银行存款与社会建房存款利息之外的其他所得，而不能直接适用于网络借贷利息的减免。如果直接适用则会导致：（1）公司筹资者利益可归于个人时，筹资者（或中间层等平台）在向投资者支付利息之前需要扣除投资者的利息所得税；（2）公司筹资者利益可归于其他英国公司时，筹资者和平台都不能进行源泉抵扣，必须全额支付利息；（3）当个体筹资者支付利息给个人或居民企业时，筹资者和平台都不能进行源泉抵扣，必须全额支付利息；（4）当非居民企业获得利息时，筹资者和平台需向英国海关与税务总署全额申报向网络投资者支付利息的所得税，无论筹资者的身份如何。① 这意味着投资者可就来自平台和部分筹资者支付的利息减免个人所得税，而另一部分筹资者支付给投资者的利息则不能抵扣。由于一笔网络借贷资金来自许多投资者，筹资者或平台需要就一个筹资者支付给多个投资者的利息分别计算所得税减免额度。

（二）与网络借贷减税方案相配套的个人所得税征管制度改革

1. 源泉扣缴义务人的转移

网络借贷减税法案的最大问题在于，网络借贷款项的投资者、筹资者参与人数众多，每个人既可能是筹资者，也可能是投资者，这样的关系极其复杂。网络借贷的特征决定了辨别借贷关系的双方可能会很麻烦。许多网络借贷平台为市场提供了多样化的投资产品，为个人投资者分配资金提供方便。英国海关与税务总署担心这种复杂性将会导致税收待遇的不一致性。这一点是《2007 年个人所得税法》第 3 章第 15 部分所没有考虑到的。第一，筹资者为一笔贷款支付的利息可能既包含可享有税收减免的部分，也可能包含没有减免的部分。对筹资者而言，要区分哪些投资者应当享有或不享有个人所得税减免待遇是非常复杂的。即使筹资者能够区分，也会因为网络借贷平台为保护投资者的身份信息而变得极为困难。第二，对投资者而言，也面临同样的问题。投资者的利息收入同样由不免税和免税部分组成，其对免税部分和全额纳税所占比例的区分也会非常困难。第三，在贷款利息个人所得税减免计算与申报义务承担方面，英国《2007 年个人所得税法》规定了筹资者若从银行、投资基金、社会建房机构等传统金融机构贷款，贷款利息减免计算与申报由上述机构承担。而从网络借贷投资者获得贷款时，则由网络借贷平台或筹资者承担利息减免的计算与申报义

---

① REVENUE H M, CUSTOMS. Deduction of income tax from interest: peer-to-peer lending [R/OL]. GOV. UK, 2015-07-15.

务。但是筹资者承担贷款利息减免的计算与申报义务时，存在极大的信息障碍。因为筹资者在计算贷款利息减免额度时，需要从网络借贷平台处获知投资者的个人信息。但网络借贷平台首先需要履行保护投资者个人信息的义务，而且网络借贷平台没有向筹资者提供投资者信息的义务，所以筹资者很难甚至无法按照《2007 年英国个人所得税》规定履行对贷款利息税收减免的计算与申报义务。不仅如此，筹资者与网络借贷平台在承担贷款利息个人所得税减免计算与申报义务方面的重合，反而可能导致重复减免或没有减免的情况。

因此，英国海关与税务总署建议针对网络借贷所得税减免计划制定专门的减税执行法案。① 首先，在现有法律规则下，网络借贷平台已经承担了对筹资者支付的贷款利息个人所得税减免的计算与申报义务。因此，英国海关与税务总署建议取消筹资者承担支付的贷款利息个人所得税减免计算与申报义务，只设置网络借贷平台或第三方支付平台承担此项义务。但网络借贷平台或第三方支付平台是否必须承担此项义务？英国海关与税务总署认为，贷款的期限、投资者的身份和住址、筹资者的身份形成了对网络借贷平台履行义务的限制。如果网络借贷平台承担了贷款利息个人所得税减免计算与申报义务，那么就意味着平台必须明确筹资者的身份，并且必须统计筹资者所有的贷款利息。那么修改对贷款利息减免条件的限制则显得非常必要，这不仅会使投资者享受更多的贷款利息个人所得税减免，也会让减免过程变得相对简单。其次，需要简化网络借贷平台向英国海关与税务总署报告投资者信息的责任。原因在于：（1）一些英国个体投资者每年的借款利息一旦超过 2500 英镑，则需要单独填写一份关于网络借贷投资的纳税申报表格。如果对网络借贷的贷款利息从源泉抵扣，那么不会单独从个体投资者的个人储蓄账户中扣除，除非个体投资者一年网络借贷

---

① REVENUE H M，BRIEF C. Brief 02/16 deduction of Income Tax at source from payments of peer-to-peerinterest［R/OL］. Corner-i Navigate，2016-08-16.

的贷款利息超过 1000 英镑。（2）根据个人储蓄账户减税方案，一些个人投资者网络借贷的贷款利息将可能不会被视为个人利息免税。如果这类贷款利息的减免已经被网络借贷平台计算并提交英国海关与税务总署，那么他们必须重新提交这类贷款利息的个人所得税减免申请表。最后，取消筹资者的减税计算与申报义务。英国海关与税务总署认为取消筹资者的该项义务将降低筹资者的贷款成本，能够形成对传统金融机构类贷款的成本优势。

2. 税务管理全数字化计划

为适应互联网金融、电子商务等数字经济的发展，建立与之相配套的征管体系，减少纳税人遵从成本，英国税务与海关总署推出了《2020 年税务全数字化计划》（Make Tax Digital）。英国税务与海关总署依托 Open Stack 推出一种备受重视的多渠道数字化税收平台（MDTP）完成英国税务管理数字化"全转型"，按照分类服务思路，为个人纳税人、企业纳税人提供与银行账户相连接的全数字税务账户，这使他们通过手机、电脑、平板电脑等不同终端实现与英国税务海关总署的大数据库 24 小时互动，完成税务登记、申报、自我评估活动，不再根据税务与海关总署工作时间安排自己的活动，将税务管理彻底转变为个性化的纳税服务，满足每个纳税人不同需要。英国税务与海关总署认为多渠道数字化税收平台使个人和企业纳税人能随时查询到自己的纳税额度，不需等到每个纳税年度结束前才知道他们的应税额，避免出现任何错误的纳税负担，并能帮助纳税人提高其资金的运作效率。[1]

三、澳大利亚：稳妥的互联网金融税收征管措施

澳大利亚是继美国、英国之后，最早发布众筹融资监管规则的几个发达国家之一。为鼓励众筹融资发展，其他发达国家都对众筹融资采取较为

---

[1] HMRC. Overview of Making Tax Digitall［R/OL］. GOV. UK, 2022-01-11.

宽松的监管措施，与之相比，澳大利亚则持有更为复杂的态度，一方面澳大利亚政府在政府财政预算中拨款资助初创公司通过股权众筹模式进行融资；另一方面则认为，众筹融资投资者应当充分认识到潜在的投资风险，因此，不需要制定新的众筹融资投资者保护指南或法案。澳大利亚证券和投资委员会发布了关于指导众筹融资监管指南，指出了在澳大利亚现行法律体系下，众筹融资所适用的几部法律规范，包括了：《澳大利亚消费者保护法》；《2001 年澳大利亚法公司法》5 章 C 节项下投资计划托管规定；《2001 年澳大利亚公司法》6 章 D 节项下规定在允许控股公司之外的有限公司参与融资活动；获得金融行业牌照的相关规定。[①]

澳大利亚证券和投资委员会认为，债权众筹与股权众筹融资构成了发行股票与债券的邀约。例如，澳大利亚众筹融资平台希望通过股权与债券众筹方式获得更多融资，但这一方式很容易达到《澳大利亚公司法》规定的非上市公众公司股东必须达到 50 人以上的规定，根据众筹指南，平台需要向澳大利亚证券和投资委员会递交招股说明书与其他必要的信息披露资料。

（一）依据《1953 年税收管理法》确定众筹融资纳税主体

在澳大利亚税务办公室出台众筹融资税务指南前，澳大利亚税务学者基于一般税收原则，认为众筹融资税务问题主要涉及：（1）筹资者通过股权众筹融资模式获得的资金将不计入企业收入，而实质上作为企业股本。（2）筹资者以股息红利形式分配给投资者的收益存在享受税收豁免的可能性。投资者股息红利是否免税，取决于居民投资者与非居民投资者所享有的税收待遇。此外，对于投资者股票资本利得税的处理，需要明确有居民投资者的身份和初创企业基础业务的性质。（3）投资者获得的企业股份收

① Australian Securities and Investments Commission. ASIC Guidance on Crowd Funding［R/OL］. ASIC，2012-08-13.

益将被计入资本收益而不计征增值税，投资者也不能享有商品与劳务税的抵免资格。（4）为众筹筹资者提供中介服务的众筹融资平台将被征收增值税。①

受到澳大利亚证券和投资委员会对众筹融资监管思路的影响，澳大利亚税务办公室（ATO）同样没有就众筹融资的涉税问题发布新的立法建议，只是依据《1953年税收管理法》第二附件第1篇《所得税征收、追缴和管理》第12-145节规定，阐释了对众筹融资课税的基本立场以及不同众筹融资类型涉及的商品与劳务税（GST）和所得税纳税主体的问题，认为无论何种模式的众筹融资收益都需纳税，其关键在于明确众筹融资筹资者（Promoter）、中介平台（Intermediary）和投资者（Investor）如何缴纳商品与劳务税和所得税。

澳大利亚税务办公室初步认为对众筹融资主体课征商品与劳务税需要满足：（a）可被课征增值税的众筹融资模式；（b）相关实体（Entity）的商品与劳务税资料；（c）实体是否为居民纳税人；（d）投资者是否为居民纳税人；（e）投资者的回报是否为"捐赠"（礼物卡片、实体产品、货物等等）。

众筹融资各方缴纳商品与劳务税涉及的因素：（1）筹资者缴纳增值税需要满足以下条件：（a）是否为企业实体；（b）是否已经或即将进行增值税登记；（c）提供的供给是否与澳大利亚有关；（d）是否基于获得报酬提供服务；（e）采取的众筹融资模式是否合适，并向居民投资者提供了相应回报。（2）中介必须满足以下条件：（a）是否为企业实体；（b）是否已经或即将进行增值税登记；（c）提供的服务是否与澳大利亚有关；（d）是否基于获得报酬提供服务，已经进行增值税登记的实体或获得有价值回报的投资者，但投资者不就从实体处获得的股权或债券收益缴纳增值

---

① CORNWELL D, LEVIK, SKEVINGTON S. Taxation issues and equity crowdfunding in Australia [R/OL]. Piper Alderman, 2015-10-13.

税。（3）投资者必须是居民投资者。

众筹融资各方商品与劳务税的问题，可见表4-3。①

表4-3　众筹融资涉及商品与劳务税的信息统计

商品与劳务税问题	筹资者	中介平台	投资者
股权众筹商品与劳务税影响	不缴纳增值税 在限制条件下没有进项税抵免资格	中介服务所得需缴纳增值税	报酬作为供应 在限制条件下没有进项税抵免资格
债权众筹商品与劳务税影响	不缴纳增值税 在限制条件下没有进项税抵免资格	中介服务所得需缴纳增值税	向筹资者提供贷款框架中利息的进项税供应 不缴纳增值税 在限制条件下没有进项税抵免资格
捐赠型众筹商品与劳务税影响	不缴纳增值税	中介服务所得需缴纳增值税	无
奖励型众筹商品与劳务税影响	不缴纳增值税	中介服务所得需缴纳增值税	投入资金行为被视为购买

此外，澳大利亚税务办公室认为，除了上述基本问题之外，还必须考虑到：（1）筹资者获得足额投资后但没有完成发起项目而将投资返还给投资者时增值税是否课征或退还；（2）筹资者、中介平台或投资者进行跨境离岸交易的复杂性。

（二）依据《1997年所得税评估法案》采集纳税人信息进行税收评估

澳大利亚税务办公室回避了债权众筹融资与股权众筹融资收益所得税一般处理方案，"但忽略所得税对众筹融资的影响，将削弱筹资者通过众

---

① Australian Taxation Office. GST and crowdfunding［R/OL］. Australion Government Australian Taxation Office，2015-09-15.

筹融资获得企业早期所需资金积极性"[1]。根据澳大利亚《1997 年所得税评估法案》，投资者拥有选择筹资者股权与债权收益的权利，当投资者选择其中一种权利收益时，其收益性质才能被确定。[2] 如果被认定为债权众筹，那么筹资者可以将提供的债权收益作为负债进行抵扣。但债权投资被认定为股权投资后，投资者将获得非股权份额收益（Non-share Equity）[3]，筹资者则将投资列入资产类，当筹资者偿付利息时会课征所得税。因此，澳大利亚税务办公室分别就筹资者、中介平台和投资者的所得税处理具体情况进行了分析。

投资者应税所得是指投资于任何形式的众筹融资所得都会被计入应税所得，但要区分投资者依据《1997 年所得税评估法案》规定是否拥有澳大利亚纳税号[4]，并依据《1997 年所得税评估法案》确定纳税号，以采集投资者信息，包括但不限于身份信息、财务和信用情况以及历史信息，如贷款和贷款申请的类型和数额、还款历史、抵押贷款、保险公司获取的信用违约、诉讼和个人破产信息以及信用报告机构的信用报告。

众筹融资筹资者的应税所得需要根据资金性质与获得资金的途径来决定：（1）是否进行商业运营。商业运营模式的可行性与环境都是影响筹资者应税所得的重要因素。如果融资在商业运营前，通常不会被计为应税所得；相应地，筹资者也不申请任何有关该商业运营所得的抵扣。（2）是否以盈利为目的。判断盈利目的排除了是否已经进行商业运营；是否为筹资者通常商业运营中的一部分。

筹资者的应税所得可分为五种融资安排情况：个人融资安排；为目前不具备商业性质但将来可能成为商业活动的项目进行融资安排；为尚未付

---

① Freehills Patent Attorneys. Income tax & crowdfunding [R/OL]. LEXOLOGY，2015-09-15.

② Division974—Debt and equity interests，ITAA97.

③ Non-share Equity 是持有人持有某一实体的债务类凭证，但持有人不能作为股东享用实体经营权。

④ 澳大利亚《1953 税收管理法》附件二第 2 篇，第 12-E 款。

诸实践的活动构想进行融资安排；以盈利为目的的商业活动进行融资安排；从已有众筹项目基础上扩大融资的安排。

一般情况下，投资者对不具有商业目的的融资项目进行投资并没有可计入应税所得的收入。因为，筹资者不以商业或盈利为目的，不会向投资者承诺现在或将来给予何种形式的回报，筹资者没有进行实质性的商业活动。如果投资者以善意为目的，而收到筹资者给予的礼物，也可能不计入应税所得。但在实际情况中，若筹资者认为这一融资方式有利可图，持续性向私人某一项目投资，投资者获得的回报将视情况计入应税所得：（1）在目前不具备商业性质但将来可能成为商业活动的项目进行融资安排中，筹资者的所得将不被计入应税所得。因为目前不具备商业性质但将来可能成为商业活动的项目不是普通的商业活动，这种项目不具有明显的商业目的或盈利目的，并且筹资者的活动本质上不是商业活动。澳大利亚税务办公室认为不能将为社会展现其特有价值与责任的活动定性为商业运作，除非这种活动在运作过程中逐步具有商业性和盈利性。（2）在为尚未付诸实践的活动构想进行融资安排中，筹资者所得将不被计入应税所得。因为筹资者与活动构想之间没有直接的经济联系，并且筹资者以爱好或兴趣为目的展示活动构想而没有明显的盈利目的，也没有从活动构想中获得商业性利益，因此筹资者的活动不是实质的商业运作。（3）在为以盈利为目的的商业活动进行融资安排中，筹资者融资需要计入应税所得。因为筹资者通常是有组织和系统的企业实体，其发起活动是以盈利为目的的一系列商业融资活动。（4）在已有众筹项目基础上扩大融资的安排中，筹资者融资需要计入应税所得。因为扩大融资的目的是已有项目的延续，并且筹资者通常会通过各种手段扩大已有项目的获利渠道。（5）中介平台的应税所得，通常是中介平台按比例或固定费率的方式从筹资者项目筹集费用中获得服务费用中的一部分。

第三节 各国互联网金融直接融资税收征管法律规制经验借鉴

互联网金融直接融资税收课征问题成为互联网金融发达国家的共同关注点。比较法研究的前提是建立在比较法律文化的基础上，发现各国法律制度之间如何对彼此产生影响——制度趋同或制度移植。但互联网金融直接融资发展时间短暂，各国税务机关都无法在短时间内拿出切实有效的课征方法，本书也不能做出过于武断的结论，只能对当前各国互联网金融直接融资税收征管的法律规制措施概以"经验评述"。但通过考察互联网金融直接融资发达国家的税收征管经验，可以从中获取许多能够为我国税收征管所利用、促进我国税收征管工作顺利推进的因素。由于各国互联网金融直接融资的地位和模式不同以及各国法律文化传统的差异，我国互联网金融直接融资税收征管法律措施与其他国家的做法既存在相同或相似之处，又存在相互排斥的地方。

一、各国互联网金融直接融资税收征管法律规制"异同"

（一）税收征管趋同化

随着经济全球化趋势不断推进，各个国家之间经济相互依赖的现象也越来越明显，可以说，全球市场已经开始形成。在经济全球化的浪潮之中，各个国家一方面要维护国家的主权和经济利益，另一方面又要积极进入全球市场，并通过一系列活动寻求经济利益最大化。为了实现上述目标，各个国家都通过制定一些"共同崇尚和遵从人本主义、和谐共存、持续发展的法律制度国际规范"①，用以化解国际贸易争端中的矛盾，维护

---

① 何志鹏．国际法治：一个概念的界定 [J]．政法论坛，2009，27 (04)：63-81.

全球市场中的竞争秩序。而税法作为保障国家财政收入、维护各个国家经济利益的基本法律制度，其在国际经济贸易交往过程中的趋同化表现得非常明显。

1. 税收征管服务理念的趋同

从20世纪70年代开始，西方国家的公共行政管理理念从公共行政管理转变为公共行政服务。在公共行政管理理念的指导下，政府在行政过程中多是充当管理者角色，其履行职责的过程表现为权力的行使。随着社会的进步和经济的发展，要求政府在经济和社会活动中不能再充当管理者的角色，而是应当转变角色，充当服务者的角色，以此促进经济的进一步发展和社会整体福利的进一步提升。① 公共行政服务理念与公共行政管理理念最大的区别就是政府职能的转变，政府应当平等地为公民提供服务，保障公民合法权利的实现。

税务机关的行政职能涉及国家财政收入，其作为一个国家基本和重要的行政部门，更应当实现其从管理角色向服务角色的转变，将公共行政服务作为理念，"置于各级人民代表大会和全体社会成员的监督之下"②。最早提倡税务机关的职能应当以为纳税人服务为理念的国家是美国。美国政府指出税务机关无论通过何种方式实现税款征收，都必须在征管过程中为纳税人提供基本服务，这既是实现纳税人权利的要求，也是现代公共行政服务最基本的要求。纳税人的权利构成了纳税服务的内容，西方一些国家的税务机关甚至直接把为纳税人服务作为宗旨执行，其在履行职责或提供服务过程中将纳税人视为"客户"，推行"客户至上"，在为客户提供舒心、周到的纳税服务的和谐氛围中达到增强纳税意识的良性效果。③

---

① 张康之，张皓. 在后工业化背景下思考服务型政府 [J]. 四川大学学报（哲学社会科学版），2009，160（01）：12-20.

② 高培勇. 论国家治理现代化框架下的财政基础理论建设 [J]. 中国社会科学，2014，228（12）：102-122，207.

③ "中国税务学会纳税服务"课题组. 借鉴国际经验 积极构建现代纳税服务体系 [J]. 税务研究，2010，302（07）：3-8.

2. 税收征管法律制度的趋同

《美国税法典》、英国《1970 年税务管理法》、澳大利亚《1953 年税务管理法》在立法形式上各具特色，但都在结构安排上体现出基本一致的税收管理逻辑进路：纳税人自我核税程序、税务机关税收评定程序、税务机关税收征收程序、税务机关违法调查程序、税务机关争议处理程序。这五个基本程序相互联系，形成了现代税收管理的核心流程，并且体现了现代税收征管法的核心价值理念——将现代民主法治的纳税人自我核税程序作为税收征管的逻辑起点。

美国、英国和澳大利亚的税务机关都把协助纳税人自我核税、为纳税人自我核税提供完善的服务作为自己的职责，以此提升纳税人自我核税的积极性和准确性。在纳税人自我核税的过程中税务机关需要提供以下服务：协助纳税人的自我评定工作，税务机关不仅需要提供具有普遍性的政策宣传，还需要在纳税人自我评定遇到特殊问题时，及时提供针对个体的具体政策咨询服务；纳税人在自我核定之后，填写并提交纳税申报表，此时纳税人只是在形式上完成了纳税申报，其只有在税务机关进行税收评定，确定并认可其提供的纳税申报信息之后，纳税人才能从实质上完成纳税申报义务，所以，为了提升纳税人自我核税的效率和积极性，税务机关应当及时受理并确认纳税人的纳税申报，使纳税人的自我核税义务尽量在最短时间内完成，减轻其纳税过程中的行政程序负担。为保障税务机关及时有效确认纳税人的纳税申报，美、英、澳等国都在其税收征管法中明确规定税务机关拥有税收评定的权力和义务。①

通常情况下，涉税信息不仅包括纳税人的纳税申报，还包括行政部门或其他主体依法提交的第三方信息申报以及税务机关依据权限自行采集的相关信息。税收征管法律制度中除了规定与税收征管程序相关的内容外，

---

① 张爱球. 当代主要发达国家税收管理法律概览——兼及对我国建设现代征管法制体系的启示 [J]. 金陵法律评论, 2012, 23（02）: 3-17.

还应当规定这些涉税信息的采集、管理、运用以及保密等相关法律制度内容。

3. 税收征管手段的趋同化

随着信息化时代的到来，信息技术越来越发达，这也为税收征管中最为重要的税源监控带来了根本性变革。在信息技术落后的情况下，税源监控依赖纳税人的主动申报与第三方的主动申报制度，因为一国范围内的税源数量非常庞大，且当税源主体通过各种手段隐瞒甚至欺诈时，税务机关可以实际稽查出逃税漏税的数量其实非常有限，这是造成税收征管工作效率低下的一个非常重要的原因。但在科学技术日益先进的过程中，税务机关可以利用互联网的信息共享优势对涉税的经济活动进行全面有效的监控，还可以通过先进的技术手段将纳税人申报信息、第三方申报信息以及税务机关主动采集的信息进行对比分析，切实核查纳税人的纳税申报是否真实准确，也便于采集并保全纳税人的违法证据，对虚假申报的纳税人施以惩戒。所以全球范围内的科技化和电子化带来了税收征管手段的趋同化。①

（二）各国互联网金融直接融资税收征管的差异

在发达国家税收征管法律制度趋同化背景下，发达国家互联网金融直接融资税源监控效果与我国存在明显差别。其原因在于各国税制差异：英、美发达国家个人所得税等直接税种是其税收收入的主要来源。因此，英、美等国税务机关对网络借贷、众筹融资的投资者所得极为关注，依靠发达的信息技术和成熟的涉税信息采集机制，英、美等国税务机关能够高效采集投资者的相关身份、财产信息，为整个税收征管过程提供真实有效的信息基础。而个人所得税在我国所占比重较低，对个人所得税的监控并

---

① 王鸿貌. 试论当代税法的国际趋同化 [J]. 财经论丛，2008，135（01）：37-42.

没有成为我国税务机关税源监控的重点。① 尤其互联网金融直接融资投资所得作为股息红利、财产转让一类收入，占个人所得税比重并不大，仅依靠自行申报与代扣代缴相结合的方式进行征收。为了投入向企业征收税款等更重要的任务中，我国税务机关对互联网金融直接融资的个人所得税征管并未如英、美等国一般重视。

　　在自我核税与税务机关核定阶段，各国互联网金融直接融资的参与主体与税务机关对众筹融资的应税事实会出现分歧。如美国，在缺乏官方税务指南的背景下，Kick Star 等互联网金融直接融资信息中介平台从 2010 年开始，每年都向投资者发布纳税申报指南，建议所有类型的众筹融资投资者将其回报申报为收入，这一行为引发了相当大的争议。一部分税务律师与税务顾问对中介平台发布的纳税申报指南持批评态度，认为纳税指南将投资者收益定性的建议，不符合众筹融资模式的所得性质，会使国内收入局对按照税收申报指南个人投资者的综合收入申报重新进行税务会计审查。② 也有税务顾问认为，将其定性为收入，符合国内收入局对收入一般定性的规定。③ 但对于 Kick Star 投资者纳税申报中哪些类型的回报所得应当定性为收入？能否就其收入进行抵扣？是否应严格区分赠予与交易的性质也存有疑问。④ 因此，在缺乏明确的法律根据的前提下，有观点建议援引美国最高法院 Commissioner v. Bernstein 一案，确定回报是否为赠予。在该案中，美国政府认为应当根据《美国税法典》102 条（a）款对赠予礼物的环境进行限制，仅限于非商业目的的家庭、朋友之间的关系。但是，《美国税法典》没有明确赠予人意图——是赠予还是交换——对收入定性

①　廖凡. 反跨国逃税避税的法律问题研究 [J]. 政治与法律，2015，246（11）：2-10.

②　KENG C. Could Kickstarter's Policies Trigger An IRS Tax Audit [J/OL]. Forbes，2013-04-14.

③　ROSENBERG E. Should Kickstarter pledges be taxed [R/OL]. Market Watch，2013-06-13.

④　METREJEAN C T，MCKAY B A. Crowdfunding and Income Taxes：Whether and How This Still-New Funding Source Is Subject to Income Taxes Remains Unclear，but Some Principles Can Be Applied [J]. Journal of Accountancy，2015，220（04）：44.

的影响。美国最高法院拒绝这一提议，认为单方面考虑外部环境或主观因素来决定收益性质没有法律依据，只是经验的推论。美国最高法院认为，决定这一行为是赠予或者交易的核心是赠予的意图，不仅是基于自愿交换物品或金钱，更应当是基于有无私、慷慨、怜悯、尊重、慈善、爱的意图而自愿发起的行为。因此，众筹融资回报性质都因众筹融资投资者与筹资者不能直接面对面接触而难以定性。① 笔者发现美国各地的互联网金融直接融资投资者在互联网金融直接融资信息中介平台以及美国国内收入局的咨询提问中有大量关于网络借贷、众筹融资所得如何申报纳税的问题。而在我国，则少有人关注。这从一个侧面说明了各国税制不同，对税收征纳双方的影响以及结果大相径庭。

（三）各国互联网金融直接融资税收征管法律规制"异同"的启示

我国税收征管法律制度设计长期处于"模仿"与"追赶"状态，大量文献倡导我国应当学习发达国家在税收征管法律制度乃至整个税法体系的先进制度。这些文献大力提倡的观点是发达国家经济保持高速发展并形成经济优势的原因是制度上的先进性，但殊不知实际情况却恰恰相反，这些制度在本质上是经济高速发展的产物，其制度先进是经济的结果而不是原因。当然，这也不是说我国就不能引进西方发达国家的先进制度，不可否认，很多先进制度都是西方国家经过非常沉重的经济成本和社会成本付出所建立起来的，这些制度有着非常强的借鉴和学习意义，我们可以抓住"后来者"的机遇，通过减少经济和社会成本的付出而直接享受制度上的成果，从"制度性赶超"中获取巨大的经济和社会利益。但是我们也必须意识到，并不是西方所有的先进制度都对我国有利，引进制度并保证制度的存活性同样需要成本。在我国无法付出这些成本的情况下，例如，制度

---

① DIETZ, ERIC. Tax Code's Crowdfunding Dilemma: The Temptation of Kickstarter Creators to Use the Gift Exclusion under Section 102 (a) [J]. The Hamlinerewe, 2013, 37 (02): 305.

的实施需要依赖经济环境和人才资源，在不具备西方国家同样经济环境和人才资源的情况下，即使引进先进制度也无法存活，甚至有可能为经济发展和社会稳定带来非常严重的阻碍和破坏，这就造成了更多成本的付出。而且我们也必须意识到，跟当初经济发展水平相当的西方国家相比，我国的经济已经大大超越了部分国家原有的水平，也就是说通过制度水平提升并以此促进经济水平提升的路径需要考虑其时代背景。

我国互联网金融直接融资发展受到美国、英国等国的互联网金融发展的影响，通过将模式移植到我国，并经过中国化改造，使之更符合我国实际。互联网金融直接融资虽发源于西方诸国，但发展相对缓慢。[①] 英、美等国相对成熟的金融市场以及相对完善的法律、征信、第三方服务平台、监管等配套制度是其互联网金融直接融资市场得以发展的重要原因，但其国内的互联网金融直接融资发展一直处于不温不火的状态。而中国互联网金融发展的规模已在世界处于领先地位，互联网金融的兴起与发展直接改变了原先金融服务的内容与方式。[②] 客观上，我国税务机关的税收征管技术手段经过长期的高额投入已经达到甚至超越了部分发达国家税务机关的税收征管技术水平。但税收征管法律制度上的滞后，制约了税务机关税收征管能力的发挥，也拉大了普通纳税人与税务机关的距离。因此，互联网金融直接融资税收征管所暴露的不仅仅是某一局部的问题，也在一定程度上反映了在大数据背景下，税制调整、税收征管、税收立法与纳税人之间的密切联系。

二、我国互联网金融直接融资税收征管法律规制体系化意义

各国互联网金融直接融资税收征管中所出现的各种问题不是其本国税

[①] WARDROP R, ZHANG B, RAU R, et al. Moving mainstream [J]. The European Alternative Finance Benchmarking Report, 2015, 3 (03): 9.

[②] 文显堂. 中国互联网金融领先世界 三大趋势显现 [J]. 中国经济周刊, 2014, 540 (40): 87.

务机关所能独自解决的，这涉及了互联网金融直接融资技术因素、经济因素、税制等客观因素，以及纳税人与税务机关等主体因素。大陆法系国家的法律制度一直以体系化著称，甚至有学者明确提出维护法律秩序稳定性的唯一方式就是体系化。①

德国法学家萨维尼（Savigny）一直以来都倡导以体系化进行研究，而法律制度能够被理解和遵从的首要前提就是法律秩序的安稳，因此为了提升法律制度被理解和尊重的概率和效率，德国学者致力于研究概念、逻辑关系等内在法律元素，并通过对这些元素的整合形成体系化的法律制度，维护法律秩序的稳定。② 虽然以技术理性为指导思想的英、美法学者常将这种体系化的研究方法视作形式主义的产物，称其完全不能与现实相结合，但是不可否认的是，体系化为互联网金融直接融资税收征管制度带来了理性、稳定和富于拓展性的功能。

内在的一致性和连贯性是体系化的核心内容和价值。通过体系化的作用，我们可以将原有的杂乱无章、互不隶属的互联网金融直接融资税收实体、税收程序规范整合为一个无矛盾的、和谐的有机整体。这一整体有益于促进互联网金融直接融资税收征管制度秩序的安定。

对于互联网金融直接融资税收征管制度而言，体系化将一致性作为价值目标，立法者应当在进行互联网金融直接融资税收征管制度选择和规范创设时，自动回溯到现有税收征管法规则体系中，缓和新规范与原有规则之间因彼此悖反而效力相抵的冲突。在规范解释和适用的全部过程中，我们同样能够通过回溯，正确把握对互联网金融直接融资税收征管的关键制度，并由此理性权衡对其所做的决定。这种体系化回溯能够达到准确适用法律的效果，我们可以借此排除个案的差别，税务机关无法再轻易将恣意差别对待予以合理化，互联网金融直接融资税收征管的新秩序也可以充分

---

① K. 茨威格特，H. 克茨. 比较法总论 [M]. 潘汉典，米健，高鸿钧，等译. 北京：法律出版社，2003：109.

② 赵宏. 行政法学的体系化建构与均衡 [J]. 法学家，2013，140（05）：34-54，176.

实现确定性和可预见性，保障纳税人在税款缴纳过程中的合法权益。

此外，体系化同样为互联网金融直接融资税收征管法律体系的进一步构建提供可能性和方向。因为互联网金融直接融资税收征管法律体系化建构也是互联网金融直接融资税收征管法得以持续发展，并与税收实体法建立良性互动关系的关键媒介。

三、互联网金融直接融资税收征管法律规制体系化的各因素

（一）税收征管法律规制的参与障碍

美国著名公共行政学者约翰·克莱顿·托马斯（John Clayton Thomas）在其《公共决策中的公民参与》一书中明确指出："公共政策问题有满足政策质量和满足公众对政策可接受性之分。对政策质量要求高的公共政策反而并不要求公民参与；对政策可接受要求高的公共政策就离不开公民的参与。"① "制度的调整需要政府来计划与实施。"② 税收征管制度调整的质量要求对政府而言是限制公众参与其中的正当理由。政策质量是指某些与最终法律或政策本质相关的约束，如价值标准、法律约束与信息来源。③

价值标准。税收征管制度调整的动因是多层次与多样化的。从建构理性的思路出发，以政府成本—效益和需求—供给为基础的局部均衡框架为基础，税收征管制度的调整以满足财政为目的；而从以有限理性为前提的理性制度学说来看，税收征管制度调整则是以适应经济结构调整、促进经济发展为目的。④ 所得税与流转税的税制结构调整主要是从各税种间价格

---

① 约翰·克莱顿·托马斯. 公共决策中的公民参与 [M]. 孙柏瑛，等译. 北京：中国人民大学出版社，2010：26.
② BUCHANAN J M. Constitutional constraints on governmental taxing power [J]. ORDO：Jahrbuch für die Ordnung von Wirtschaft und Gesellschaft, 1979, 30 (03)：359.
③ 宋方青. 立法质量的判断标准 [J]. 法制与社会发展，2013, 19 (05)：43-44.
④ 景玉琴. 分野与融合：建构理性与演进理性 [J]. 江汉论坛，2006, 338 (12)：5-9.

与货币机制的相互关系着手，分析各税种征收额度与资源配置、收入再分配领域的关系。而税收征管制度则是与税制相匹配的，如何协调所得税征管与流转税征管间的冲突，也是税收征管制度改革所考量的价值标准之一。

法律约束。在民主体制下，政府与纳税人之间的税收契约关系需要约束政府行为，防止在税收征管制度调整过程中，政府恣意妄为和违法乱纪。法律的任务即是控制政府行为，因而，在税收征管制度调整过程中政府考虑公众参与并非仅是提供一种自由、平等的理性协商与话语论证机制，也需要识别公众参与的效率。如美国学者麦迪逊（Madsion）所言："不管由什么样人组成的会议，只要人数众多，理智都会被感情所取代。即使雅典议会都是由苏格拉底组成，仍然是乌合之众。"① 这一观点为政治学者、法律学者所引用，作为其质疑公众大规模参与立法改革讨论的背书。在他们看来，直接民主要求更多公众参与其中，但参与者越多，每个人的作用就越小。

信息来源。税收征管制度的调整质量取决于信息来源与有效处理，这通常与制度本质以及影响范围相关。在税收征管制度调整过程中，政府首先需要获取相应税收征管的效应信息，如果政府无法通过自身得到足够多的信息，那么必须求助于更多的公众参与，将其作为信息源头。对政府而言，有效的税收征管制度调整必须获取高质量的信息。第一，政府需要获取所得税、流转税结构调整的运行效应的信息。诸如，收入分配、产业发展、地区差异等等。第二，政府需要获取公众对税收征管制度改革的利益调整的偏好信息。这种偏好信息需要政府对其进行主观性或是客观性辨认。第三，政府可能需要对某一税种的税收征管在一定区域或时期内的特定群体发挥影响。在这种情况之下，公众的普遍参与只是政府获取信息的

---

① 汉密尔顿，杰伊，麦迪逊. 联邦党人文集［M］. 程逢如，等译. 北京：商务印书馆，1980：283.

备选项。

(二) 税收征管改革与立法的权威需求

法律的权威来自普遍的承认与接受，但大部分国家税收征管结构调整并非以法律形式完成。一旦开启立法的程序，税收征管制度的变迁则由行政部门主导变为立法部门主导，此时，法律的可接受度成了法律有效执行的核心要素。公众参与成了获取法律可接受度的必要选择，甄别公众构成也成了我们所需要讨论的话题。

在税收征管立法中，基于维持税法的专业性考虑，我们更多倾向于由立法质量来决定公众介入程度，但也应注意到，从 20 世纪 80 年代开始的征管服务理念运动，越来越强调来自公众的认可，这使税收征管立法的专业性和普及性呈现出立法参与主体——普通公众与利益集团——在参与税收征管立法介入程度两极分化的趋势。

对普通公众构成的关注，也是本书关注公众参与内部影响因素的讨论。从一般意义上讨论普通公众的构成，如按收入标准、地区差异划分，公众无法直接针对互联网金融直接融资税收征管立法问题参与讨论。按照新公民治理理论对公众的分类，普通公众主要指无组织的群体，由于缺乏参与场所、渠道、组织，无法形成集体行动一致。[1] "具体行政行为中的公众参与永远不可能是全体公民，至多只能是当事人和利害关系人。在这样的背景下，如果没有外在机制加以限制，则可能在使当事人和利害关系人获得救济的同时损害其他公民的正当利益，忽视没有参与具体行政行为的公众群体的利益诉求。"[2]

参与税收征管立法的普通公众所能发挥的作用在于两点：一是能够为

[1] BINGHAM L B, NABATCHI T, O'LEARY R. The New Governance: Practices and Processes for Stakeholder and Citizen Participation in the Work of Government [J]. Public Administration Review, 2005, 65 (05): 547-558.

[2] 姜明安. 公众参与与行政法治 [J]. 中国法学, 2004, 119 (02): 28-38.

立法者提供自己的偏好信息；二是能够通过税法遵从影响法律权威。从这两点看，当普通公众能发挥上述作用时，才会对税收征管立法参与产生兴趣，并自发参与其中，此时，我们才有可能确定普通公众的构成。

利益集团在立法中扮演了何种角色需要从所处位置出发，在欧美等国，利益集团参与立法已形成一整套机制，通过利益集团代表、专业游说团体参与立法等，但 John Keane、Benjamin Barber、Claus Offe 等政治学者认为①，利益集团参与立法进程，主要通过幕后交易，使立法政策所包含的集团利益多元化和私利化，但也造就了利益碎片化分配，难以在立法中实现均衡的社会资源配置。因此，主导立法的实质上是各种强势的利益集团而不是普通公众。在我国，对利益集团参与立法的认识与西方国家具有一定程度的同质性，主要是从其所要表达的诉求是否合理、表达渠道是否合法出发进行判断利益集团是否参与立法。

因此，互联网金融直接融资税收征管立法的合理性既需要政府得到公众参与的认可，也需要立法的权威；而互联网金融直接融资税收征管立法前提是高质量的互联网金融直接融资税制结构能正常发挥资源均衡配置、收入合理分配的功能，使公众参与具有可期待性；与此同时，为协调效率与公平，无论公众是否直接参与互联网金融直接融资税收征管制度调整和立法，也必须由政府界定出相关参与主体或代表，这都是具有相当挑战性的问题。

（三）互联网金融直接融资税法制度形式表现

对互联网金融直接融资的税收征管而言，存在两条并行的线路，一是对互联网金融直接融资平台的税收监管以实施"发票管控"为基点，提高税务机关的征管信息化水平；二是对互联网金融直接融资的投资者所得税

---

① YOUNG I M. Polity and Group Difference：A Critique of the Ideal of Universal Citizenship [J]. Ethics, 1989, 99（02）：250-274.

税收监管，这一部分内容迄今为止仍然属于税收监管的盲区，这个问题的解决还必须依赖于税收征管制度的优化。而在我国尚未明确互联网金融直接融资存在的诸多问题时，将其纳入金融行业按照金融行业标准进行征管，在操作上也存在困难。同样，将其纳入其他领域征税，客观上也是困难重重。因此，只有对互联网金融直接融资线下和线上模式同时加强监管，才能为互联网金融直接融资税收征管创造一个良好的环境，探索信息经济时代背景下税收征管问题的解决之道。

必须要强调的是，虽然应当将互联网金融直接融资税收征管问题的解决置于总体税收征管环境完善和净化之下，不用采取与其他领域完全不同的征管方式，但是仍然应当针对互联网经济带来的影响，完善与互联网金融直接融资税收征管相关的配套措施。例如，税务机关应当培训一部分专业人员进行互联网金融直接融资税收征管的稽查工作，监督、检查互联网金融直接融资税收征管过程，并进一步明确划分其税收征管的管辖权，既要按照互联网金融直接融资纳税主体的税务登记进行属人管辖，也必须兼顾按照交易行为发生地的属地管辖。为了充分实现互联网金融直接融资税收征管中属人管辖与属地管辖的有效运行，各地的税务稽查部门应当及时对互联网金融直接融资纳税人进行监督、检查，并及时将信息上传到各地联网的涉税信息共享平台，充分发挥信息互通的优势。

第五章

互联网金融直接融资税收征管法律规制的完善

互联网金融直接融资税收征管法律规制的制度保障是建立"公正与高效"的信息化税收征管法律体系。针对互联网金融乃至整个互联网经济环境下税收征管制度的完善途径,应当在重视征纳双方的税收程序观念与提升纳税人税收程序权利观念的基础上,兼容税收程序的外在价值与内在价值、公平价值与效率价值、税收征管程序不同环节的价值目标选择,完善税收征管程序法律制度中纳税人权利保护机制。

第一节　以信息中介平台为中心的税收征管程序制度

互联网金融直接融资由资金流和信息流组成,而资金流和信息流在方向、环节和特征上存在着诸多不同之处。信息流贯穿互联网金融直接融资的始终,涉及众多环节,对交易过程进行了全面详细的记录;而资金流涉及的仅是核心交易环节,对投资者和筹资者的交易金额、交易频率和交易数量进行了重点记录。① 互联网金融信息中介平台是互联网金融直接融资中最为核心的一环。如果互联网金融直接融资信息中介平台能够成为互联

---

① 伍红,胡杰琦. 基于流程特征的电子商务税收征管流程再造 [J]. 税务研究,2013,337（06）：80-83.

网金融直接融资税收征管的核心角色，那么很多信息数据可以直接从互联网金融直接融资信息中介平台准确获得，从而面向互联网金融直接融资信息中介平台的税收征管程序制度也会随之改变，"无法再依赖传统的课税环节来实现"①。

一、明确税务登记在互联网金融直接融资税收征管的法律地位

根据我国《税收征管法》的相关规定，税务登记在实践中的开展始于开业登记，而税收征管工作的开展始于税务登记，可见开业登记直接决定了税务机关掌控税源的效果和效率，所以可以推导出开业登记制度的完善对于我国税收征管的顺利进行具有非常重要的作用。② 但现有税务登记制度法律地位不明，即对税收征管的开展究竟是以税务登记为起点还是以纳税人发生纳税义务为起点。依据税收债权理论的观点，纳税人只要发生纳税义务，税务机关就需对其进行税收征管。因此，税务登记制度在税收征管法律体系中不应该作为税务机关对纳税人实施税收征管的先决制度，而应成为税收征管法律体系的配套制度，重点管理和监控一部分需要进行税务登记的纳税人。从税务登记对象范围来看，虽然能够进行税务登记的互联网金融直接融资参与主体的类型较多，但很难通过税务登记反映其在互联网金融直接融资信息平台进行投融资的信息。③ 税收征管部门往往面临

---

① 廖益新. 远程在线销售的课税问题与中国的对策［J］. 法学研究，2012，34（02）：71-83.

② 李伯桥，钟志辉. 论税务开业登记的立法瑕疵与完善［C］//北京大学财经法研究中心. 财税法论丛（第10卷）. 北京：法律出版社，2009：71-77，4.

③ 我国税务登记的对象包括：1. 领取法人营业执照或者营业执照，有缴纳增值税、消费税义务的国有企业、集体企业、私营企业、股份制企业、联营企业、外商投资企业、外国企业以及上述企业在外地设立的分支机构和从事生产、经营的场所；2. 领取营业执照，有缴纳增值税、消费税义务的个体工商户；3. 经有权机关批准从事生产、经营，有缴纳增值税、消费税义务的机关、团体、部队、学校以及其他事业单位；4. 从事生产经营，按照有关规定不需要领取营业执照，有缴纳增值税、消费税义务的纳税人；5. 实行承包、承租经营，有缴纳增值税、消费税义务的纳税人；6. 有缴纳由国家税务机关负责征收管理的企业所得税、外商投资企业和外国企业所得税义务的纳税人。

自然人未能进行税务登记以及线上虚拟交易主体难以被有效识别和确认的管理困境。[①] 通过互联网金融直接融资信息中介平台进行投融资活动的企业主体受到信息中介平台登记条件的限制，需要登记投资者的个人信息，以个人名义进行投融资活动，这使得企业主体无法以企业名义通过信息中介平台进行投融资活动。同时也使部分企业利用个人名义为掩护，逃避企业应当履行税务登记的义务，将这部分企业投资所得转化为个人资本利得，利用我国对个人所得税监管不严的制度漏洞逃避纳税义务。所以，现有税务登记制度在互联网金融直接融资税收征管过程中，对税务登记主体的税源监控作用极为有限。

因此，应当首先明确税务登记制度在互联网金融直接融资征管制度中的地位，即税务登记制度应作为税务机关采集纳税人信息的制度渠道，而不能将其与纳税人发生纳税义务与否挂钩。其次，在国家已明确互联网金融直接融资平台的投资者资金由银行托管后，对需要进行税务登记的投融资主体，可明确向税务机关报告银行账户的义务转由互联网金融直接融资信息中介平台承担，或在信息平台接入自动的税务登记系统。因为互联网金融直接融资参与主体需要履行真实信息披露义务，在互联网金融直接融资信息中介平台申请注册、开通账号，并填写准确、真实的银行开户账号时，相关信息就同步到其资金托管银行，并通过中国人民银行信息中心进行验证。在互联网金融信息中介平台进行的登记就产生了税务登记的效果，互联网金融直接融资参与主体只需要向税务机关备案即可。在互联网金融信息中介平台上进行变更和注销登记也可以产生税务登记变更和注销的效果。但是为了使税务机关准确了解及掌握相关税源信息，互联网金融信息中介平台应当及时向税务机关反映平台参与主体的涉税信息变更情况。或者税务机关也可以通过在互联网金融信息中介平台系统植入报税软

---

① 苗龙，郑学党．全球数字服务税发展态势与应对策略研究［J］．财经理论与实践，2021，42（02）：90-97.

件，直接获取相关涉税信息，实行数据共享。据调查，互联网金融信息中介平台对待涉及资金的信息相当谨慎，互联网金融信息中介平台的投融资双方若想取得在平台开通账户的资格，首先必须通过开户银行的严格身份认证。[①] 互联网金融直接融资的涉税信息可以共享的基础是税务机关和互联网金融信息中介平台的信息流一致，因而在互联网金融信息中介平台的相关登记可以产生税务登记的效果，并由税务局牵头，推动税务登记系统、企业核名系统和公章刻制系统实现数据共享。[②]

二、互联网金融直接融资个人所得税自行申报制度完善

（一）申报制度完善

依照《个人所得税法》《个人所得税实施条例》以及《个人所得税管理办法》规定，互联网金融直接融资投资者需就投资者本人获得的非代扣代缴所得自行申报。[③] 我国长期实行以代扣代缴为主的个人所得税被动征纳方式，而需要自行申报的个人所得税因缺乏相应的自行申报激励机制，大部分纳税人的主动申报意识薄弱。并且互联网金融直接融资具有的电子性、小额性、大量性使其具有较高的隐匿特点，在依照现有自行申报制度进行互联网金融直接融资个人所得税申报时存在明显缺陷。

---

① 戴东红. 互联网金融对小微企业融资支持的理论与实践——基于小微企业融资视角的分析 [J]. 理论与改革, 2014, 198 (04)：91-96.

② 廖福崇. "放管服"改革过程中畅通政企沟通渠道的实证研究 [J]. 中南大学学报（社会科学版）, 2021, 27 (02)：183-191.

③ 下列纳税人或者扣缴义务人、代征人应当按期向主管国家税务机关办理纳税申报；（一）依法已向国家税务机关办理税务登记的纳税人。包括：1. 各项收入均应当纳税的纳税人；2. 全部或部分产品、项目或者税种享受减税、免税照顾的纳税人；3. 当期营业额未达起征点或没有营业收入的纳税人；4. 实行定期定额纳税的纳税人；5 应当向国家税务机关缴纳企业所得税以及其他税种的纳税人。（二）按规定不需向国家税务机关办理税务登记，以及应当办理而未办理税务登记的纳税人。（三）扣缴义务人和国家税务机关确定的委托代征人。

当前，互联网金融直接融资参与主体需就其所得按"次数"进行申报，但投资者进行申报的障碍在于互联网金融直接融资的投资次数频繁，单次收益额度小，按照现行规定进行申报的经济成本过大；而且自行申报主体范围窄、影响小，无法形成自行申报的意识氛围。因此，互联网金融直接融资参与主体的个人所得税主动申报义务既有制度障碍，也有成本障碍。

若在保持现有纳税申报制度稳定的情况下，互联网金融直接融资参与主体要进行主动申报必须符合其投资次数多、单次收益小的特点，即要多次手动填报纳税申报表格，这对纳税人而言过于繁复。可供参考的解决方案有两种：一是将"分次"申报制度改为"分量"或"分期"申报，或按月计算收益总额由纳税人填写申报表格进行申报；二是依旧分次申报，但在互联网金融直接融资信息平台上的投资者系统中植入自动申报界面，将其与互联网金融信息中介平台、资金托管银行相连接，由纳税人执行申报程序。

但个人所得税自行申报制度改革应当是跟当前综合与分类的个人所得税制改革相配套的。"纳税申报是纳税人的一项法定义务。而且纳税人必须保证其在纳税申报表上填写信息的真实性和完整性，并且对这些信息的真实性负有举证责任，这就要求纳税人必须真实有效地进行交易记录，改善了以前纳税人有交易无记录的恶习。从一开始税务机关主动征纳到现在纳税人自行申报，是中国税收征管制度的一大突破，当然要切实完成转变也面临着许多实际的困难。"① 完成被动纳税到主动申报意识的转变，需要建立有效申报制度，即便捷、低成本的申报执行制度，有效的申报激励制度以及切实可行的申报核对机制。

建立完善的纳税人自行申报制度需要多方面制度的配合。其一，需要

---

① 孙钢. 建立适应新个人所得税模式的征管机制探讨 [J]. 国际税收，2014，13（07）：24-27.

税务机关为纳税人自行申报提供完善的配套服务，提供舒心的申报环境，促进其积极主动自行申报，而不是被动地申报。从而减少虚假信息，同时也会达到更好的效果。其二，税务机关应当确立规范的纳税征管流程，以纳税人的自行申报作为起点，再继续之后的受理、评定、调查、追缴和处理程序，使纳税征管流程透明公平。例如，第三方信息传送至涉税信息共享平台后，将被用于与其他第三方提供的信息及纳税人的纳税申报信息进行匹配，从而及时发现纳税人是否存在不为或少为纳税申报的情形。① 其三，及时进行税收评定，在纳税人自行申报、税务机关受理申报之后，纳税人的申报义务还未完结，需要税务机关进行税收评定之后，纳税人才能从实质上履行申报义务，所以税务机关应当及时对纳税人申报信息的真实性和完整性进行评估和确定，只有这样才能提高纳税人申报的积极性。

（二）投资者自我评定与税收评定制度的基础因素

投资者的自我评定标准需要依据税收要素法定原则，但是原有互联网金融直接融资模式多样性使税收构成要件的内涵已不足以涵摄互联网金融直接融资的范围，需要修正其原有内涵，以重新覆盖互联网金融直接融资的构成，缓和投资者与税务机关之间对投资者应负税额承担评定差距。

第一，互联网金融直接融资纳税主体构成。在现行税法上，纳税主体资格由各单行税种法确定。税法上具备税收权利能力的主体为在经济上有税收负担能力的主体，或者说从技术上可判断其拥有此项负担能力的主体。② 为了规避监管或监管套利，互联网金融的类资产证券化创造设计的交易模式与法律结构，突破传统的法律权利类型与法律边界。③ 因此，即

---

① 姚子健. 涉税信息共享平台法律实证研究 [J]. 西北民族大学学报（哲学社会科学版），2022，247（01）：95-108.

② 汤洁茵. 证券投资基金纳税主体资格的法律确证 [J]. 税务与经济，2008，161（06）：61-68.

③ 谈李荣，孙吟. 互联网金融视域下的类资产证券化：交易模式、金融异化与监管逻辑 [J]. 江苏行政学院学报，2021，116（02）：50-56.

使在私法上不具备权利能力或权利能力不清的主体，只要其在经济上有税收负担能力或从技术上可判断其拥有此项负担能力，则仍然应当认定其为具备税收权利能力的主体。互联网金融直接融资机构的组织形式既有法人平台形式，也有非法人的投资组织。税法对不具备独立法人资格的互联网金融直接融资的投资组织独立纳税资格的审查，应当基于其聚集财产的增值进行评估。而税收是私人财产向国家的无偿转移，所以纳税主体只能是经济收益的实际拥有者。互联网金融直接融资的投资机构以自己名义参与直接融资的交易活动，以组团等非存款或有价证券式的新型方式筹集资金，并将其用于互联网金融直接融资交易中，获得不同形式的回报。由于我国对非法吸收存款非常警惕，因此，互联网金融直接融资投资由最初的散户型逐步过渡到"组团"的资金聚集形式。因此，"组团"式的资金聚集方逐渐由受法律规制向互联网金融直接融资基金方式演变。其资金的收益归入也从个人所得逐渐归入投资基金的财产中。从财产权归属来看，投资基金用于互联网金融直接融资的所得属于该基金的增值，反映了其分摊纳税义务的能力。由此，互联网金融直接融资的投资机构以自己名义进行投资获得收益的行为，决定了其能够成为税法纳税主体的现实可能。

第二，互联网金融直接融资税种评定的标准。随着互联网金融直接融资交易的多样化与复杂化，交易过程中将产生不同的性质所得。互联网金融直接融资投资者收益，主要由债权投资与股权投资两部分组成。除此之外，一些新的与基于股权收益或债权利息收益不同的性质所得也随着互联网金融直接融资发展而出现。证监会对股权众筹存在明显的法律限制，表现在对股东人数的限制以及对投资者个人资产的限制两方面。[①] 期权在本质上是将存在于金融领域内的权利义务分别定价，期权的受让方可以行使其权利决定在规定的时间范围内是否交易，期权义务方没有其他选择只能

---

① 许多奇，张维宇．我国非保本理财产品之运作困境与制度设计——以商业银行个人理财业务实证考察为主线［J］．法学，2014，395（10）：99-115．

尊重权利方的决定。在期权交易领域中，卖方是出售期权合约的主体，买方是购买期权合约的主体，在期权交易完成后，买方就自动成为期权的受让人，即成为权利方，而卖方则转变成为期权的义务方，其必须按照买方的需求履行义务。

互联网金融直接融资流转税的确定。互联网金融直接融资平台的佣金是根据居间服务合同向平台用户所收取的佣金。一般是根据合同规定，按照一定的比例收取服务费用。在互联网金融直接融资模式下，主要是向投资者和筹资者收取融资平台佣金。除此之外，还有一些其他名目的费用。众筹融资中的平台佣金通常按融资金额的一定比例收取，而融资平台收取佣金的对价是其为投融资双方提供的中介服务，虽然其为双方都提供了服务，但在现实中大多数融资平台都不对投资者收取服务费，而只对获得融资的筹资者收取一定的费用。融资平台的服务费通常由手续交易费、增值服务费、流量导入与营销费用三部分组成。

第三，承担纳税义务的实际受益人确定。一般而言，互联网金融直接融资的债权所有人和股权所有人就是需要缴纳个人所得税的纳税人。① 期权工具的介入拆分了原有股权合同与债权合同双方的权利义务结构，并无实际资产的转让，加之交易标的增值评级指数、利率指数可作为相关融资交易参照基础资产，但交易标的增值评级指数存在不同标准，使交易标所有权的归属又难以判定，但以交易标所有权的归属作为实际受益人的确定标准，显然可能导致纳税人承担不合理的纳税义务。互联网金融直接融资交易标的价值来源于其持有者在资产持有期间预期所获得现金流的现值，随着各种因素的影响，其价格也不断发生变化。因此，互联网金融直接融资的主要交易成本是风险成本，投融资主体正是通过承担价格变化风险实现收益。由于投融资主体承担了交易风险成本，该成本支出目的是通过预

---

① 龚鹏程，臧公庆. 支付清算型互联网金融监管立法述评——以央行"网络支付管理征求意见稿"为线索 [J]. 江西财经大学学报，2015，99（03）：110-120.

测交易主体所持有交易标的现金流的变化而获得收益。① 由此可见，互联网金融直接融资的参与主体从事互联网金融直接融资交易，不可避免会承担该项交易所涉及标的在持有期间内的风险成本，恰恰该风险成本也是创造新的现金流的根本动因。风险承担与互联网金融直接融资交易所得之间的直接关联性为风险的归属提供了最直接的判定标准。

以风险的归属作为经济收益的归属标准，为互联网金融直接融资交易中存在的所有权模糊、分化纳税义务归属不明的状况提供了可供解决的应对方式。② 互联网金融直接融资，有其特殊的价值表现和价值增值功能。但是，融资合约的成立包含了预期的损益。该项损益既受市场影响，也受参与主体风险承担能力的影响。互联网金融直接融资交易的损益与各主体承担的风险程度直接相关，他们的损益范围和程度也与风险相关。因此，风险的转移足以成为判断互联网金融直接融资交易的收益、费用或损失的归属主体的标准。有研究表明，在互联网金融借贷市场，信用风险和利率水平同样受借贷期限的影响；借款者的投融资期限错配会对借贷期限效果产生冲击。③

第四，税款缴纳时间评定标准。如前所述，互联网金融直接融资已从债权与股权工具以及期权等不同融资手段结合衍生出更为复杂的融资工具。如因股权众筹投资者称项目较长流动性较差，众筹交易平台为提高流动性提高了投资者股权交易的频率。因此，互联网金融直接融资交易出现了课税时点不明的问题。

由于部分互联网金融直接融资交易标的在权利转移前，实际价值会产生波动，并在账面出现盈利或损失，为确定其损益，则需根据互联网金融

---

① 汤洁茵. 原则还是例外：经济实质主义作为金融交易一般课税原则的反思［J］. 法学家，2013，138（03）：24-39.

② 沈伟. 中国的影子银行风险及规制工具选择［J］. 中国法学，2014，180（04）：169.

③ 胡金焱，水兵兵. 互联网金融借贷期限、信用风险与定价关系研究——基于借款者投融资期限错配视角［J］. 现代财经（天津财经大学学报），2020，40（09）：16.

直接融资交易公开与否，采用不同的课税时点确定标准。

《企业会计准则第 22 号——金融工具确认和计量》确立公允价值规则来判定互联网金融直接融资交易标的价值。[1] 就非公开互联网私募股权融资而言，其项目估价机制多样，未形成统一标准，除非平台及筹资者能够提供相关的价格信息，否则很难就其确定真实价值。这就导致纳税人有可能故意调整将来资金流、投资回报率等因素，在估值中利用市场中的信息不对称使估值制度的公允价值无法实现。对此，在税款征纳中可采用损益实现法，损益实现法有简便易行、提高征税的行政效率等优点，但其缺点在于为纳税人创造了制度漏洞，纳税人可以通过将资金的实际收入时间延后进行套利。[2] 例如，当投资者持有预估能够有较大幅度升值的股权，那么投资者就会签订两份价值不同的合约，其中一份为出售股票的合约，价格低于市场价值，另一份为购买股票的合约，价格则为出售时的价格甚至高于市场价值。这样就可以在投资者实际利益没有损失的情况下形成表面亏损的假象，其当期应当向税务机关缴纳的税款也就利用制度的漏洞减少了。

在公开市场环境下，则比较适用借鉴市价调整法确定所得的时间。市价调整法在实践中是这样操作的：如果合约在每一个纳税年度的最后一天还未平仓的，此时就按当天的市场价格确定损益进行税款征收，如果在当天或之前已平仓的合约则按实际成交价格确定的损益进行税款征收。[3] 鉴于现阶段互联网金融直接融资还未形成完整统一的交易市场，直接创造其真正价值无法通过市场价格表现，这就给企业实施价格操控带来了市场空间。但市价调整法对互联网金融直接融资交易环节经过的纳税期限都要计

---

① 刘文霞. 金融衍生工具会计在我国的发展初探 [J]. 现代财经-天津财经大学学报，2009，29（03）：40-45.

② 熊鹭. OECD 国家创新金融工具所得税计税方法比较及启示 [J]. 金融会计，2008，176（07）：20.

③ 李旭红，杨静. 浅析我国衍生金融工具所得性质、数量、时间的认定 [J]. 涉外税务，2010，260（02）：73.

算各自损益，即互联网直接融资交易合同的各环节价值变化都需纳入税基统计范围，那么未实现的收益极有可能对纳税人造成资本自身课税问题，过分侵及纳税人财产权。

三、互联网金融直接融资所得税代扣代缴义务人的转移

互联网金融直接融资股息、利息所得的代扣代缴义务人应为筹资者，但囿于信息不透明，筹资者无法获知投资者信息，并且筹资者需要向数量庞大的投资者支付本息，因此，作为个人筹资者在客观上无法履行代扣代缴义务。互联网金融直接融资信息中介平台既没有法定代扣代缴义务，也没有协税义务，因此，个人所得税代扣代缴制度对代扣代缴人的权利义务设置不尽合理。筹资者所承担的代扣代缴义务过于沉重，则极难履行其义务。如果普遍要求筹资者履行其义务，不仅推高了融资成本，也将拖累互联网金融直接融资的整体发展。面对共享经济规模不断膨胀导致的个人所得税征管问题，部分国家税务机关与共享经济平台达成协议，由平台对收入进行税款代扣代缴。[①]

（一）互联网金融直接融资所得税代扣代缴义务人的确定

依据现有税法规定，代扣代缴义务人的设定应当综合考虑成本、信息等因素，有三种不同的方案可供选择：第一，银行作为代扣代缴义务人。互联网金融直接融资信息中介平台进行信息采集、处理的边际成本很低，因此，可以参考《税收征管法（修改意见稿）》第三十三条的规定，赋予互联网金融直接融资信息中介平台在代扣代缴过程中提供信息协助义务，要求他们对每一笔资金交易的个人信息进行登记，同时履行个人所得代扣代缴义务从筹资者处转由资金托管银行承担，或者按月对网上交易额

[①] 谭书卿. 共享经济个人所得税征管的失范性分析及完善路径 [J]. 南方金融，2020，522（02）：81-89.

进行代扣代缴税款。第二，筹资者作为代扣代缴义务人。也可继续由筹资者依托信息中介平台履行代扣代缴义务，但应明确互联网金融直接融资信息中介平台的协税义务，同时税务机关也负有提供建立代扣代缴的技术与制度指导义务。以此明确互联网金融直接融资各方主体的义务与责任，堵住税收管理漏洞。第三，由互联网金融直接融资中介平台承担代扣代缴义务。这种规定参考了英国网络借贷税收征管的做法。互联网金融直接融资信息中介平台依据纳税人的月交易金额乘以综合税率后计算出纳税人应当向税务机关缴纳的税款并及时通知纳税人，纳税人如果觉得有问题可以向平台反映，如果纳税人觉得没有问题或在一定期间内没有反映，则表示其认同该应纳税额，那么互联网金融直接融资信息中介平台就可以直接从其银行账户中进行等额的税款扣除，直接将税款上缴国库。

（二）互联网金融直接融资所得税代扣代缴义务人的激励与规制

为了鼓励互联网金融直接融资信息中介平台积极主动配合税务机关，要建立与之配套的激励与规章制度。

一方面，要对互联网金融直接融资信息中介平台的代扣代缴义务或协税行为支付一定的手续费。但设立完善的代扣代缴手续费支付机制的首要内容就是必须明确支付手续费的机关。而依据《税收征管法实施细则》的相关规定，获得个人所得税收入的本级财政应当负担"代扣、代收手续费"。但利息所得税，股息所得、债权转让所得以及股权转让所得税由国家税务总局负责征收，并由国家税务总局统一划拨手续费。在个人所得税是共享税的前提下，若税务机关为互联网金融直接融资所得税代扣代缴义务人支付手续费，而中央财政没有分担这部分手续费，单独由地方财政承担，显然使地方财政承担了不合理的财政支出。因此，对于股息所得、债权转让所得以及股权转让所得税的代扣代缴支出费用的承担，可在《税收征管法实施细则》中予以明确，按照"谁支付，谁承担；共同支付，共同承担"的原则由地方财政与中央财政共同承担。具体落实到实践操作中，支付事宜则可以由中央与省级财政协商来确定，先由地方税务机关代付互联网金融直接融资信息平台手续费，在本财政年末，由地方财政部门审核相关扣缴税款和手续费的真实性后，统一按照比例承担，由省级财政支付中央所应返还的手续费。

另一方面，如果互联网金融直接融资代扣代缴义务人没有按时按量进行税款的代扣代缴，税务机关可以向互联网金融直接融资代扣代缴义务人追缴相应的税款和滞纳金，税务机关还有权对其未履行义务的行为罚款。首先，需要通过法律明确代扣代缴义务人的义务免除条款，除此之外代扣代缴不因任何法定事由之外的原因而免除。其次，需要规定其履行代扣代缴义务的期限，当代扣代缴义务人没有在规定期限内完成扣缴义务的，要明确其补充履行扣缴义务的期限。超过期限以后，则按日收取滞纳金。

四、改进互联网金融直接融资税收征管税务稽查规则

互联网金融直接融资的税务稽查要适应实践中电子账簿、电子凭证的使用。为了减轻纸质凭证保存上的困难，很多企业在操作中虽然仍然使用纸质凭证，但在保存上已经开始运用扫描技术将纸质凭证转换为电子凭证，将电子凭证保存于电脑中，大大减轻了规模庞大的纸质凭证保存上的负担。① 基于电子凭证在保存与查询方面的优势其已经逐渐代替纸质凭证成为纳税人主要使用的凭证类型，因此税务机关在稽查工作中有必要改进稽查方式，适应电子凭证普遍使用的现实情况。尤其是在互联网金融直接融资信息中介平台成为扣缴义务人后，税务机关稽查工作中面临的电子凭证将更多，所以改进税务稽查相关规则刻不容缓。

首先，税务机关应当核实融资平台是否提供了准确的数据库，是否已

---

① 汪向东. 我国电子政务的进展、现状及发展趋势 [J]. 电子政务，2009，79 (07)：44-46.

经按时按量代扣代缴应纳税款，是否有遗漏。① 其次，税务机关应当进入数据库采取样本进行进一步核实，通常情况下依据数据库计算出的税款不会出现问题，但如果通过核实产生的结果与数据库中的结果存在差别，就应当具体进行查实，减小逃漏税情形的发生概率。

当前我国税务系统具有严格的地域性特征，而互联网金融直接融资具有的非地域性特征，与税务系统的地域性特征产生了直接冲突。通常互联网金融直接融资涉及的投融资双方以及中介平台都很难核实其所在的地理位置，按照投融资双方户籍所在地确定主管税务机关并不现实，因为中介平台很难确定投融资双方的具体所在地，尤其投融资主体是自然人时难度更大，所以要求税务机关去核实这些信息将产生其无法承受的工作负担。而如果按照互联网金融直接融资中介平台的所在地确定主管税务机关也会产生很多问题，因为互联网金融直接融资的投融资双方绝大部分都不在中介平台所在地，这将会导致各个地方争夺税收收益、各个税务机关争夺主管权，结果很可能是主管缺位或主管错位，直接导致投融资双方多纳税或不纳税，不利于税务稽查工作的开展。

第二节　互联网金融直接融资电子凭证效力制度

在互联网金融直接融资信息中介平台上，账簿和凭证基本实现了电子化。本书认为，电子化凭证将逐渐取代纸质"凭证"，以电子化为载体的信息流或资金流将起到记录会计行为、资金运动的主要作用。现实中，在互联网金融直接融资信息中介平台中，能够准确查知注册主体的所有信息。在大量的信息中，税务机关仅需要查找纳税人和交易金额相关信息，

---

① 伍红，胡杰琦. 基于流程特征的电子商务税收征管流程再造 [J]. 税务研究，2013，337（06）：80-83.

在按次征收的情况下仅需要单次交易金额信息，在按月征收的情况下还需要计算出当月的交易总额，而这些信息在互联网金融信息中介平台中是非常容易获取的。① 在互联网环境中，应当从法律上承认电子化的账簿和凭证的证明力。但是必须明确的一点是，纸质发票和电子化账簿、凭证追求的都是事前防范风险的发生，仍然无法脱离计划经济的色彩。既无法与我国当前简政放权的行政转向相适应，也无法在信息经济的时代背景下促进经济的长效发展。因此，为了减少"事前防范"的义务前置对互联网金融直接融资发展的限制，税收征管体系需要转向"事中缴纳"甚至"事后缴纳"的体系模式，增强对纳税人的信任，提升税务机关的服务意识。② 不可否认的是，基于我国当前技术和制度上的制约，要在短期内建成全电子化凭证机制或全面提升税收征管信息化水平并不现实，但这也的确是税收征管制度为适应信息经济时代而必须做出的努力和改变。完善电子凭证效力的法律制度是当前推进互联网金融税收征管的重要一环。

一、互联网金融直接融资电子凭证效力确认

首先，需要梳理当前与互联网金融直接融资电子凭证效力相关的法律制度。厘清税收征管法律制度范围内对于互联网金融直接融资电子凭证的相关规定及法律表述，统一电子凭证效力相关的法律表述，使所有规定在税收征管法律制度体系内达到共存和互通。

目前，我国有关互联网金融直接融资电子凭证的法律法规与办法有《电子签名法》《民事诉讼法》《刑事诉讼法》《行政诉讼法》《会计法》《电子文件归档与电子档案管理办法》《电子文件归档与电子档案管理规范》《电子公文归档管理暂行办法》等。关于互联网金融直接融资电子凭

---

① 戴东红. 互联网金融对小微企业融资支持的理论与实践——基于小微企业融资视角的分析 [J]. 理论与改革，2014，198（04）：91-96.

② 陈兵，程前.《税收征收管理法》修订下网络交易税收征管问题解读——以第三方平台管控为中心 [J]. 上海财经大学学报，2015，17（04）：110.

证效力的相关规定在诸多法律和法规中都有所涉及，不但过于分散不利于税务机关认定和操作，而且这些法律和法规中的电子凭证效力的标准也存在很大差别。[①]

　　互联网金融直接融资电子凭证效力虽然在法律和规范性文件中都有所规定，但仍然存在许多问题。例如，《税收征管法》中规定了电子凭证的税务检查取证，但是规定停留在表面，并没有达到证据法上的证明效力。[②]《税务稽查工作规范》中也有电子凭证的相关规定，但是这仅是国家税务总局下发的一个规范性文件，效力等级过低，而且其内容规定也过于简单，无法覆盖互联网金融直接融资所有的电子凭证。[③] 可见，互联网金融直接融资电子凭证的相关立法只对常规电子凭证具备可操作性，无法在复杂的电子凭证上进行具体操作。但依据《税收征管法》第十九条规定，"合法、有效的"账簿、凭证具有效力。可见，电子凭证只要符合有效性、合法性也同样具有效力。何谓电子凭证的"合法、有效"？"合法、有效"的电子凭证指的是制作填写的方式和内容均满足税收法规制度、财务会计

---

① 谭军，罗琪，马莉．电子证据在税务行政应用中存在问题及对策［J］．税务研究，2013，341（10）：72.

② 《税收征管法》第十九条规定，纳税人、扣缴义务人按照有关法律、行政法规和国务院财政、税务主管部门的规定设置账簿，根据合法、有效凭证记账，进行核算。第五十八条规定，税务机关调查税务违法案件时，对与案件有关的情况和资料，可以记录、录音、录像、照相和复制。

③ 《税务稽查工作规程》第二十三条规定，对采用电子信息系统进行管理和核算的被查对象，可以要求其打开该电子信息系统，或者提供与原始电子数据、电子信息系统技术资料一致的复制件。被查对象拒不打开或者拒不提供的，经稽查局局长批准，可以采用适当的技术手段对该电子信息系统进行直接检查，或者提取、复制电子数据进行检查，但所采用的技术手段不得破坏该电子信息系统原始电子数据，或者影响该电子信息系统正常运行。《税务稽查工作规程》第三十条规定，以电子数据的内容证明案件事实的，应当要求当事人将电子数据打印成纸质资料，在纸质资料上注明数据出处、打印场所，注明与电子数据核对无误、并由当事人签章。需要以有形载体形式固定电子数据的，应当与提供电子数据的个人、单位的法定代表人或者财务负责人一起将电子数据复制到存储介质上并封存，同时在封存包装物上注明制作方法、制作时间、制作人、文件格式及长度等，注明"与原始载体记载的电子数据核对无误"，并由电子数据提供人签章。

制度相关规定的会计凭证。

第一步要明确电子凭证的"有效"性。传统意义上的原始凭证种类，包括了票（专用发票、普通发票、专业发票）、表（工资发放表、差旅费报销表、折旧摊销计算表、成本结转计算表）、证（售付汇凭证）、单（行程单、签收单）、书（税收缴款书、社会保险费专用缴款书、非税收入一般缴款书）、据（财政收据）等不同类别。"合法、有效"的传统有纸化原始凭证要求：原始凭证内容完整、原始凭证章印齐全、原始凭证填写规范、原始凭证用途明确、原始凭证手续完备、原始凭证业务真实。目前为止，上述原始凭证都在按照确保电子凭证内容真实完整、规范有效、途径明确、手续齐备、业务真实的标准进行"电子化"改革：通过安装 EDI 软件和硬件，实现商业数据的标准化，建立 EDI 运行的增值网；利用加密技术增强原始凭证的保密性；利用数字签名技术增强原始凭证的身份确定性。① 这些电子化措施，实现了电子凭证信息流"有效"的要求。

我国互联网金融直接融资投资者主要通过网络银行将资金支付到互联网金融直接融资托管账户，在确定投资项目后再以电子货币形式通过第三方支付平台将资金注入筹资者网银账户中。而互联网金融直接融资的资金流活动涉及发票、非经营性收据和内部收据等原始凭证。因此，若要将这些原始凭证变成电子凭证，就需要建立以电子货币、网络银行和电子支付为基本构成要素的互联网金融直接融资资金流运转体系。

电子货币是资金流电子数据的载体。通常情况下，银行卡、电子支票和电子现金都统称为电子货币，电子货币实现了资金在投资者和筹资者之间的快速转移，这是互联网金融直接融资相对于传统融资模式的一大优势，也使得资金流电子数据的采集变得便捷。

网络银行是资金流原始凭证电子化的基础。网络银行中涉及互联网金

---

① 耿建新，洪图. 会计原始凭证无纸化问题探讨——基于电子商务的视角 [J]. 会计研究，2011，286（08）：13.

融直接融资的诸多主体，包括投资者、筹资者、中介平台等，这些主体通过网络银行实现电子货币资金的划转，而不需要再以现金进行交易，其电子货币资金划转的凭证也就理所当然是电子凭证了。

电子支付则是资金流原始凭证电子化后数据的传送渠道。中国人民银行早在2005年就已经承认电子支付口令与纸质支付凭证具有同等的效力，这就为原始凭证电子化的产生和应用提供了重要的数据传送渠道。

在互联网金融直接融资信息中介平台的会计流程中，投资者与筹资者资金信息原始凭证是由平台专用软件自动生成的，有较高的真实性和准确性。但由于部分税务机关要求互联网金融直接融资信息中介平台在进行税务登记、申报时提供有纸化的记账凭证，因此平台自身的会计记账凭证既有传统的人工输入也有专用记账软件自动生成。人工输入与自动生成的记账凭证输入标准不一，缺乏统一记账凭证格式，这是目前一些规模较小、欠规范的互联网金融直接融资平台会计凭证信息较混乱的原因。

第二步则是由法律确认电子凭证的"有效性"。电子凭证有效性经法律确认，即由法律做出规定直接确认互联网金融直接融资最基本的资金流电子凭证的有效性后，电子凭证的流通享受法律提供的保护，任何人在正常情况下都必须接受电子凭证。互联网金融直接融资信息中介平台主体，依据其流水账可自动生成相关的电子凭证。如果税务机关不再进一步核算其成本和收益，遵循按率简易征收的税收征管原则，那么互联网金融直接融资信息中介平台提供的资金流和信息流就足以满足征管需求。《税收征管法（征求意见稿）》中指出计算应纳税额的依据可以是征纳双方均认可的电子凭证。在互联网金融直接融资领域，基于电子货币和电子支付方式的存在，投资者和筹资者之间资金交易都是以电子数据进行记录的。而这些电子凭证是在资金交易过程中自动生成的，直接记录了各种与税收相关的第一手信息，只要事后没有被交易双方或中介平台通过技术手段篡改，其作为涉税电子凭证的证明力非常强。① 《税收征管法（征求意见稿）》关于电子凭证的相关规定不仅承认了电子凭证在互联网金融直接融资领域具有证明力，为税务机关的税收征管提供了一种方便采集的证据，还能够促进税收技术水平的提高，逐步实现纸质发票向电子发票的过渡。

但由于税收征管涉及多个税种，每一税种存在不同的凭证管理制度，需要在每个税种法中建立与税收征管法相衔接的清晰规则，明确电子凭证的合法效力。如原《营业税暂行条例实施细则》第十九条明确规定营业税合法凭证的范围，包括发票、财政票据和签收单据，可在其中加入"有效凭证的具体形式，包括经认定有效的电子凭证"等内容。②

二、互联网金融直接融资电子凭证效力的保障

构建互联网金融直接融资电子凭证效力的保障制度，需要将保障制度涉及的规则融入整个电子凭证使用过程中。及时制定电子凭证效力的认可方式和认定标准，从技术层面和法律层面对电子凭证效力进行确认。

（一）互联网金融直接融资电子凭证效力的认可方式

所谓互联网金融直接融资电子凭证效力，是指税法承认互联网金融直接融资电子凭证具有税收证明力的资格。互联网金融直接融资电子凭证具有效力的前提是必须获得税收程序法对其证据资格的承认。实践中，电子

---

① 陈兵. 论全球化视阈下我国税收征管法律模式改革理路——以网络交易税征管为中心的解读［J］. 中山大学学报（社会科学版），2015，55（06）：180.

② 《营业税暂行条例实施细则》第六条所称符合国务院税务主管部门有关规定的凭证（以下统称合法有效凭证），是指：（一）支付给境内单位或者个人的款项，且该单位或者个人发生的行为属于营业税或者增值税征收范围的，以该单位或者个人开具的发票为合法有效凭证；（二）支付的行政事业性收费或者政府性基金，以开具的财政票据为合法有效凭证；（三）支付给境外单位或者个人的款项，以该单位或者个人的签收单据为合法有效凭证，税务机关对签收单据有疑义的，可以要求其提供境外公证机构的确认证明；（四）国家税务总局规定的其他合法有效凭证。

凭证作为税收证据已经获得了大多数国家税收程序法的承认，但是各个国家对其承认或认可，在方式上存在着一些差异，正是这些差异直接导致了互联网金融直接融资电子凭证在各国的税收法律中不具有同等的效力。例如，在欧盟 2003 年出台的《电子发票指导纲要》中，就要求各成员国对电子发票的有效性认定必须独立开展、电子发票必须按照规定的地点和方式保存、第三方的电子发票开具应当遵循管理办法的规定、电子发票的开具应当符合统一标准的格式和内容等等。① 在欧盟，由于金融交易的真实性主要由金融体系的支付记录来确认，电子发票作为凭证的问题并不突出。这种做法对电子凭证效力可采性并未造成实质的法律障碍。以《税收征管法》为核心的电子凭证效力法律确认制度虽然确认了电子凭证的可采性，但严格的金融监管、限制现金交易和银行自身的部门利益使税务机关提取电子凭证的规定可操作性较低。

（二）互联网金融直接融资电子凭证效力的认定标准

承认电子凭证证明力的国家普遍都严格要求电子凭证必须具备原始性，但是电子凭证通常都需要进行复制和传输才能实现其凭证功能，而如果将电子凭证按照传统标准进行衡量，那其当然就不是原始凭证，也就无法满足证据法所规定的原始性。电子凭证的原件是普通人根本无法识别的数据符号，而且在网络技术高速发展的阶段，如果缺乏专业有效的保密措施，在开放的网络环境中电子凭证的获取和篡改非常简单。严格来讲，电子凭证不能被称为传统的原件。电子凭证广泛应用的一个主要技术障碍就是在电子数据交换过程中无法完全确认交换双方身份与数据的完整性，这也是电子凭证无法达到有效证明力的法律障碍。

税收法定是税收征管程序的根本保障。财政部、国家档案局在 2015 年 12 月发布的新修订的《会计档案管理办法》中肯定了电子会计档案的

---

① 蔡磊. 电子发票的理论与实践 ［M］. 北京：中国财政经济出版社，2014：71.

法律效力，明确可以通过电子化方式获取、报销、入账、归档、保管电子凭证。主要内容包括：首先，在会计档案的范围内纳入了电子会计档案；其次，在满足一定条件的情况下可以以电子形式归档保存外部接收和内部生成的电子会计资料；再次，在移交电子会计档案时需要同时移交相关元数据，并且必须以国家档案管理规定的文件格式移交，有些确实无法满足规定格式的特殊格式电子档案移交时应当与读取平台配套提交；最后，必须在单位档案管理机构、信息系统管理机构和会计管理机构相关人员同时在场的情况下，才能销毁相关电子会计档案。同时为了保证获取完整、真实、安全、可用的电子会计档案，《会计档案管理办法》对仅以电子形式归档的电子会计资料的保存方式也做出了规定，例如：电子会计资料的来源必须真实可靠；会计核算系统在接受和读取电子会计资料时必须保证有效、完整、准确；对电子会计档案采取有效的保护措施；电子签名应当符合《电子签名法》的相关规定且电子会计资料不能缺少签名；等等。

第三节　互联网金融直接融资涉税信息的网络中心机制

一、确认互联网金融直接融资涉税信息获取与使用途径

税务机关通过电子凭证可以获取大量互联网金融直接融资涉税信息，为税收征管工作的顺利开展提供基础信息依据。但是为了保证其高技术投入发挥应有的作用，减少行政运转成本，税务机关获取的社会信息应当全面、真实。互联网金融时代，信息披露就需要被扩充为"经营管理信息""业务财会信息"和"科技信息"三维。[①] 而《税收征管法（征求意见稿）》中也要求涉税信息必须公开、透明。涉税信息在税收征管中占据非

---

① 曾威. 互联网金融科技信息披露制度的构建［J］. 法商研究，2019，36（05）：85.

常重要的基础性地位。① 这就从财税法治和依法治税的层面直接赋予税务机关从互联网金融直接融资信息中介平台采集涉税信息的职权，也为税务机关在纳税人单一涉税信息来源外新增了第三方信息来源，使信息更加完整和真实可靠，为税收征管工作的顺利开展提供基础性前提，这对互联网金融直接融资税收征管工作具有非常重要的意义。一方面可以使税务机关和纳税人之间信息不对称的问题得到部分解决，运用第三方提供的涉税信息印证从纳税人处获得的涉税信息，可以更加有效地确认纳税人提供信息的真实性和完整性。另一方面，从互联网金融直接融资信息中介平台获取的涉税信息，也可以使纳税人的应纳税款客观真实，避免税务机关多征或乱征税的情况出现，保障纳税人在税款征纳过程中的基本权益。

可以看出，互联网金融直接融资信息中介平台保存和提供的涉税信息在互联网金融直接融资税收征管中占据着非常关键的位置，不仅可以保障税收征管工作的顺利开展，还可以平衡纳税人自身的权利义务关系。② 互联网金融直接融资信息中介平台独立于投融资双方，其为投融资双方提供的各项服务可以化解双方信息不对称问题、确保双方资金安全、降低投融资风险。其不仅可以在交易过程中切实保护双方权益，甚至在发生损害后也能采取一定措施进行补救。

与互联网金融直接融资直接相关的第三方平台包括互联网金融直接融资信息中介平台与第三方支付平台两类。为此，《中华人民共和国电信条

---

① 具体包括《意见稿》第三十条 纳税人及与纳税相关的第三方应当按照规定提交涉税信息。第三十一条 从事生产、经营的单位和个人在其经济活动过程中，一个纳税年度内向其他单位和个人给付五千元以上的，应当向税务机关提供给付的数额以及收入方的名称、纳税人识别号；单次给付现金达到五万元以上的，应当于五日内向税务机关提供给付的数额以及收入方的名称、纳税人识别号。第三十三条 网络交易平台应当向税务机关提供电子商务交易者的登记注册信息。第四十七条 税务机关对纳税人依照本法第三十六条规定进行的纳税申报，有权就其真实性、合法性进行核实、确定。
② 李建英，李婷婷，谢斯博. 构建"资金流"控制为主的电子商务税收征管模式 [J]. 经济与管理评论，2014，30（03）：117.

例》《互联网信息服务管理办法》《电子认证服务管理办法》等法律法规，要求互联网金融直接融资信息中介平台除了必须提供能够确保交易信息安全的软件系统、能够适应其交易规模的硬件设施外，还应当配备提供各项服务的相关人员。除此之外，互联网金融直接融资信息中介平台还应当制定信息审核与披露、投融资双方权益保护、数据备份与安全保障、损害补救措施等一系列与互联网金融直接融资信息相关的制度。互联网金融直接融资信息中介平台必须在其网站主页面，能够引起足够关注的位置披露相关信息：各类经营许可证、电子验证标识、联系方式等与平台运行直接相关的各类信息。从法律规定中可以看出，互联网金融直接融资信息中介平台经营者主要从事信息技术服务类活动，具体指"利用网络或计算机技术开展企业或个体内部数据挖掘、管理、分析、使用，审计管理、税务管理、人力资源管理、电子商务平台等全方位服务的相关活动"[①]。从2015年7月发布的《非银行支付机构网络支付业务管理办法（征求意见稿）》中的相关规定可以看出，第三方网络支付平台是指平台客户通过公共网络系统，利用电脑或手机等移动终端电子设备，向支付机构发出支付指令，支付机构在接收指令后则依据指令的要求完成货币资金的转移。第三方网络支付平台的经营者通常是第三方独立的非银行机构，且要求必须具有严格的信誉保障和强大的资金实力。与互联网金融直接融资信息中介平台相比，第三方网络支付平台所反映的资金流和信息流更能够满足税收征管对涉税信息真实性和完整性的要求，因为其更加直观和具体。互联网金融直接融资交易行为中存在交易零散等特点，导致税务机关直接从纳税人——投资者和筹资者处获取涉税信息具有相当大的难度，因此，税务机关应当在税收征管中重视互联网金融直接融资信息中介平台和第三方网络支付平台发挥的第三方信息来源的作用，将其作为与纳税人等同的采集涉税信息

---

① 张冰. 面向服务的电子商务平台集中运维管理实践 [J]. 电力信息与通信技术，2015，13（09）：117.

的重要渠道，使税收征管工作顺利开展，防止各类逃税和避税行为的发生。为此，《税收征管法（征求意见稿）》中将网络平台的涉税信息采集作为税务征管过程中的重要信息来源。这是信息时代背景下，我国的税收征管工作为适应网络经济发展做出的调整和升级。

按照法律的相关规定，可以大致推测出税务机关对互联网金融直接融资涉及的纳税人进行税收征管的程序：首先，由互联网金融直接融资涉及的纳税人进行纳税申报，税务机关同时从互联网金融直接融资信息中介平台和第三方网络支付平台等第三方采集相关涉税信息；其次，税务机关将纳税人申报的信息与第三方信息通过电子技术进行对比分析，确认纳税人申报信息的真实性；最后，如果分析结果显示纳税人申报信息可能存在不真实，则税务机关需要对互联网金融直接融资纳税人进行现场稽查，稽查后如无信息不真实情况，则按申报信息进行税款征收，如信息确不真实，则纳税人不仅需要按照稽查的真实信息按时按量缴纳税款，还可能承担违法责任。[①]

若《税收征管法（征求意见稿）》赋予互联网金融直接融资信息中介平台过多的信息协税义务，加之信息中介平台也承担了来自金融监管部门的大量信息披露义务，则可能触发信息平台逆反心理。此外，税务机关只考虑本部门利益，仅仅实现税务机关的信息化，与税务信息涉及的多部门多渠道机制是相悖的。"因此，把涉税信息的提供与共享纳入整个国民经济的信息化中才是正确的解决之道。"[②]

二、互联网金融直接融资涉税信息的网络中心机制生成机理

互联网金融直接融资会面临来自不同行政部门的监管，金融监管机关

---

① 胡怡建. 我国税收改革发展的十大趋势性变化 [J]. 税务研究，2015，360（02）：5.
② 崔志坤. 个人所得税制改革：整体性推进 [M]. 北京：经济科学出版社，2015：211.

与税务机关是其中最为核心的行政主体。① 2019 年 12 月，我国成立了税收大数据和风险管理局，"大数据+税收征管"上升为国家战略性规划。② 作为行政主体，金融监管机关和税务机关分别拥有法律所赋予的金融监管权和税收征管权。③ 当这两种公权力作用于互联网金融直接融资时，由于金融监管权与税收征管权的差异，可能因部门利益冲突使政府部门间的信息共享机制无法有效运作。因此，必须协调互联网金融直接融资的金融监管权和税收征管权。

保障互联网金融直接融资有序发展是协调金融监管权和税收征管权的冲突的基调。税务机关和金融监管机关履行税收征管权与金融监管权的基础是有效采集互联网金融直接融资市场主体信息。与传统金融业相比，互联网金融监管主要集中在消费者信息安全和风险管控等方面。由于互联网金融直接融资监管政策正在逐步落实中，互联网金融直接融资行业潜在风险非常大，税收征管也存在"应收不收"与税收激励政策不明的现象。因此，由于税务机关和金融监管机关履行各自职能，对互联网金融直接融资市场主体有着不同的信息采集标准，导致二者形成的权力冲突需要税收征管法与金融监管法进行协调。

我国通过法律法规和相关规范性文件已经基本明确了金融信息的保护范围和内容。首先以《征信业管理条例》确定了金融信息的基本保护范围。④ 其次以《金融机构客户身份识别和客户身份资料及交易记录保存管

---

① 李占荣. 征税权之法理研究 [J]. 税务研究，2008，283（12）：58.
② 王敏，彭敏娇. 数字经济发展对税收征纳主体行为的影响及政策建议 [J]. 经济纵横，2020，417（08）：97.
③ 江国华. 中国行政法学（总论）[M]. 武汉：武汉大学出版社，2012：137.
④ 《征信业管理条例》明确规定保护范围是企业和个人的信用信息，禁止征信机构采集个人的宗教信仰、基因、指纹、血型、疾病和病史信息以及法律、行政法规规定禁止采集的其他个人信息，并不得采集个人的收入、存款、有价证券、商业保险、不动产的信息和纳税数额信息。

理办法》明确了金融信息的保护内容。① 最后以《中国人民银行关于银行业金融机构做好个人金融信息保护工作的通知》进一步将金融信息的保护范围具体化。② 因此，在互联网金融直接融资的税收征管工作中，应当把税务机关的查询权限扩大到可以查询所有纳税人的相关信息资料。现行规定把税务机关的查询权限限制在"从事生产、经营活动"的纳税人相关信息，根本不能满足税务机关在税收征管中的实际需要。③ 为适应互联网金融直接融资税收征管的工作，不仅被查询主体范围需要扩大，税务机关查询相关信息的内容范围同样需要适当扩大。按照上述法律法规和规范性文件对金融信息的保护范围和内容，只有纳税人的开户信息和存款账户信息才是税务机关可以查询的内容。但是与税收征管相关的信息还包括贷款账户信息和其他交易信息等，如果税务机关查询的范围限于开户信息和存款账户信息，那么将给税收征管工作的顺利开展带来困难，因此应当通过法律赋予税务机关查询与税收征管相关所有信息的权限。

但"'治人者'与'治于人者'在权威上的不平等是受到约束和限制的，这样'治人者'也能够接受法律的'统治'，并被要求服务于'治于人者'"④。基于二者的行政权力属性，通过"控权论"完成对互联网金融直接融资中金融监管机关与税务机关在行政权力上的冲突控制。"控权

---

① 《金融机构客户身份识别和客户身份资料及交易记录保存管理办法》明确规定，金融机构应当保存的客户身份资料包括：记载客户身份信息、资料以及反映金融机构开展客户身份识别工作情况的各种记录和资料；金融机构应当保存的交易记录：包括关于每笔交易的数据信息、业务凭证、账簿以及有关规定要求的反映交易真实情况的合同、业务凭证、单据、业务函件和其他资料。

② 《中国人民银行关于银行业金融机构做好个人金融信息保护工作的通知》中，对个人金融信息的概念和种类首次做出了全面具体的规定。所谓个人金融信息，是指银行业金融机构在开展业务时，或通过接入中国人民银行征信系统、支付系统以及其他系统获取、加工和保存的以下个人信息：个人身份信息、财产信息、账户信息、信用信息、金融交易信息、衍生信息以及在与个人监管业务关系过程中获取、保存的其他个人信息。

③ 刘初旺，沈玉平，等. 税收征管执法风险与监管研究［M］. 北京：经济管理出版社，2012：13.

④ 张鑫. 奥斯特罗姆自主治理理论的评述［J］. 改革与战略，2008，182（10）：213.

论"的核心是运用与权力完全独立的外部力量来对权力的产生、内容、行使进行审视、监督和制约。按照一项行政权力的产生、运行并产生行政效果的逻辑进路考察，以下五个要素是其核心内容：来源、主体、运行、对象和保障。① 任何一个要素的缺少，都可能导致无法产生该行政权力或即使产生也无法产生其既定的行政效果。因此，对于一项行政权力可以从这五个要素进行内部的权力控制，而按照"控权论"的核心观点，也必须从外部对其进行监督和制约。将其运用到互联网金融直接融资税收征管领域，一旦发生互联网金融直接融资参与主体对税务机关和金融监管机关进行信息采集的行政行为有异议时，对税务机关和金融监管机关的行政行为异议可以通过提起行政复议或行政诉讼的方式予以解决，行政复议就是从内部对行政权力进行控制，而行政诉讼就是运用司法手段从外部对行政权力进行监督和制约。

三、互联网金融直接融资涉税信息的网络中心机制构建

互联网的发展为税法规制互联网金融直接融资提供了关键的信息技术基础，使税务机关可以从纳税人与第三方主体中获得必要的涉税信息。要采集必要的互联网金融直接融资涉税信息需要一个完善的互联网金融信息中心机制，辅助税务机关利用互联网金融信息中心机制化解互联网金融直接融资涉税信息采集难问题。② 互联网金融直接融资信息中心的核心是实现互联网金融信息的自动共享——将同一类型互联网金融直接融资信息在不同部门间进行定期交换。不仅能使不同地区的税务机关将自动共享的信息与本地信息进行比对，有助于互联网金融直接融资涉税信息的采集与管理，还能促使互联网金融直接融资参与主体遵守税法，提高税法遵从度。

---

① 楚德江. 新控权论：构建双重责任机制 [J]. 郑州大学学报（哲学社会科学版），2009，42（01）：51.

② 汪向东. 我国电子政务的进展、现状及发展趋势 [J]. 电子政务，2009，79（07）：60.

因此，互联网金融信息中心机制正常运行离不开投资者、筹资者、互联网金融直接融资平台以及其他主体的配合。如图 5-1 所示，基于互联网金融网络信息中心机制，将涉税信息流内嵌于各主体间的信息流中，为互联网金融直接融资涉税信息采集的结构性和现实性难题的破解提供依据，使税收治理推向新信息化平台。

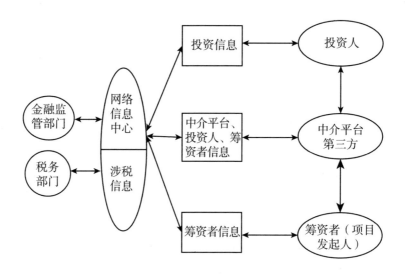

图 5-1　互联网金融信息中心运作机制图

（一）参与主体

互联网金融信息中心致力于统一管理和处理大量存在于网络中的缺乏统一性的金融服务，形成一个标准化的互联网融资信息服务池。互联网金融信息中心对每种接入的信息均制定审核认证机制，确保存在于互联网融资信息服务平台内的所有信息都真实完整并可以统一标准运行。互联网融资信息服务平台是一个面向所有公众开放的服务池，为了使各个主体之间信息不对称的问题得以解决，应当规定一个统一的接入标准，任何互联网金融服务主体要在平台内提供服务都必须按照统一标准才能够接入。每一个融资需求者应当按照一定的标准将自身状况和需求向信息中心和互联网金融直接融资平台进行公开，使得拥有资金的主体即投资者和需要资金的主体即筹资者能够以信息对称的方式通过互联网手段实现双向选择，进而实现各自需求。此外，网络信息中心主体应当是非营利的互联网金融信息服务平台。最后，区块链技术使得经济行为人的全部纳税信息以区块的形式在区块网络中存在，可提升纳税人的纳税遵从度；区块链信息记录和信息传输的技术特点可解决纳税信息缺失和纳税信息安全真实的问题；区块链技术系网络化存在特点，可在保证各系统信息安全的基础上，实现征税系统与其他系统的连接与信息共享，完善和强化税收征管系统功能。[①]

1. 筹资者

散布在我国各地有融资缺口的筹资者若要通过互联网金融直接融资中介平台获得融资，必须向平台和投资者公开与融资项目相关的信息，具体包括但不限于名称、周期、收益分析以及投资和投产风险等等。同时筹资者需要严格按照互联网金融直接融资中介平台的要求，向平台提供真实有效的相关财务信息和非财务信息，平台应当对这些信息的真实性进行审核，并与筹资者一同担保这些信息的真实有效性。[②]

2. 投资者

投资者是互联网金融直接融资的资金供给主体，传统的融资方式中投资者和筹资者信息不对称是造成融资风险大的重要原因，而互联网金融直接融资平台整合大量的融资需求信息，在很大程度上化解了这种信息不对称问题，投资者也可通过互联网金融网络信息中心获取必要的信息。为解决投资者始终处于信息不对称弱势地位的问题，投资者也需将其自身的必要信息通过互联网终端上传至互联网金融网络信息中心。

---

① 周建厂. 区块链技术重塑税收征管系统实现路径探究 [J]. 经济体制改革，2021，226（01）：150.

② 李建军，张雨晨. 众筹与小微经济体融资的匹配性——基于信息搜寻的视角 [J]. 河北经贸大学学报，2014，35（06）：114.

3. 互联网金融直接融资中介平台

互联网金融直接融资中介平台是互联网金融涉税信息采集社会化机制非常重要的组成部分。它既是筹资者提供信息真实可靠的基本保障，又是投资者做出正确决策的重要依据。互联网金融直接融资中介平台、第三方主体可以较好地解决投资者和筹资者之间信息不对称的问题，降低融资过程中发生风险的可能性。

4. 税务机关

税务机关在投资者、筹资者、中介平台完成涉税信息申报后，通过互联网信息中心对投资者、筹资者、中介平台申报的信息进行数据分析和逻辑分析，再利用电脑风险识别系统分析上述结果，以进一步确认信息的真实性和完整性。如果经过两个环节后互联网金融直接融资的参与者仍然存在信息不真实或不完整的可能性，税务机关就应当对该参与者进行现场稽查，如果经过稽查发现确实存在逃税的行为，税务机关则可依据相关规定进行处罚。①

（二）涉税信息报送义务与采集权限

建立互联网金融信息网络中心机制的直接目的是协调税务机关与其他部门在互联网金融直接融资监管中的信息冲突，使各政府部门及时了解互联网金融直接融资运作的各种信息。由于互联网金融直接融资涉税信息内容的丰富性与多样性，税务机关在税收征管的每一环节对涉税信息的需求是不同的，因此，互联网金融直接融资涉税信息既需要税务机关遵照涉税信息共享权限，按照实际需要接入互联网金融信息中心获取必要涉税信息，又有赖于互联网金融直接融资参与主体按照法律规定履行信息报送义务。因此，税务机关在税收征管的不同环节享有的涉税信息共享权限是不

---

① 向景，刘中虎. 借鉴国际经验 优化我国税务营商环境 [J]. 国际税收，2013，2（08）：60.

同的。

1. 互联网金融直接融资参与主体涉税信息报送义务

涉税信息是国家进行税收征管的根本保障。向互联网金融网络信息中心主动报送相关信息是互联网金融直接融资参与主体的基本义务。尤其税务机关在涉税信息采集与管理过程中要求互联网金融直接融资主体提供相关信息时，相关当事主体不能因法定事由之外的原因，拒绝通过互联网金融网络信息中心向税务机关提供相关信息。如果涉事方因怠于履行信息报送义务，向互联网金融网络信息中心提供虚假、不完全信息或不及时提供信息，导致国家利益受到重大损失的，作为信息提供方应负相应的法律责任。

参考公共管理政策有限理性决策的过程，涉税信息采集与管理的流程可分为以下五个步骤：确定涉税信息采集与管理问题、确定涉税信息采集与管理目标、涉税信息采集与管理方案确立、涉税信息采集与管理方案实施过程监控、涉税信息采集与管理的结果反馈。由于税收程序的阶段性，涉税信息采集与管理的流程也会有所不同，需要明确涉税信息采集与管理所处的阶段：税务登记、纳税申报、税务检查中互联网金融直接融资参与主体应履行的有关义务。

在税务登记阶段，税务机关的工作是为需要办理税务登记的互联网金融参与主体提供登记服务，并对载有纳税人信息的相关税务证件进行管理。在此信息管理环节中，会涉及工商机关、银行以及其他金融机构。互联网金融参与主体在网络信息中心按照税务登记信息标准进行信息录入后，税务机关可通过对应的接入标准载入本地税务机关的税务登记数据库，并将其视为已经按照规定进行税务登记，并对相关信息进行核实，如果出现税务登记信息错误或缺漏情况，明确需要工商机关、银行或其他金融机构协助完善纳税人信息时，其他主体则应当根据税务机关的请求依法对已经登记在案的纳税信息进行纠正，并反馈给税务机关。在纳税申报阶段，纳税申报信息是关涉纳税人最为全面、系统的信息，但申报主体会以各种理由选择回避申报的必要信息。在申报过程中，税务机关认为有必要对互联网金融直接融资参与主体的填写信息进行审查时，可以要求邮政部门、电信通讯部门以及代理中介机构等协助税务机关查实互联网金融直接融资参与主体申报信息，如申报主体采用代理申报方式时，具有税务代理职能的中介机构可以利用自己的专业知识，准确提供申报资料、依法申报纳税收入从而提高纳税申报准确率，减少违法申报情况，降低税务机关的管理成本、提高税收收入。在税务检查阶段，互联网金融直接参与主体的分散性、监管主体不明，使税务机关在充分获得有利于税务检查工作信息时，常常出现"单打独斗"局面，导致获取涉税信息不充分，采取常规的取证方式耗时长、成本高，降低了税收检查效率，影响了税收检查的广度和深度，对税收违法行为的威慑作用将会大打折扣。因此，需要将互联网金融参与主体分散的信息通过互换共享的形式进行整合，利于税务机关按照《税务检查规程》进行对象确定、税务检查等工作。

　　但如何确定相关主体的义务，如前所述需要引入征管效率原则，这对分析互联网金融直接融资参与主体涉税信息报送义务的适用条件大有裨益。互联网金融直接融资涉税信息采集与管理的效率应当考虑税务机关的采集成本与互联网金融直接融资参与主体的报送成本。在传统的涉税信息采集模式下，无论税务机关还是纳税人都将承担一定的信息采集与报送成本。从采集或管理成本角度分析，这部分成本是税务机关在进行税收信息采集或管理时的各项支出。而从信息报送成本的角度分析，报送成本是互联网金融直接融资参与主体依法进行信息报送所发生的各项支出费用，这是由纳税人承担的成本。"一般包括了在自行申报纳税时，纳税人向税务机关提出书面申报，并按期缴纳税款的费用；纳税人按税法要求进行税务登记、保持完整的账簿费用；纳税人聘请税务顾问、律师，准备材料等费用；纳税人在不违反税法规定的同时，尽量减少纳税义务，需要组织人力进行税收规划的费用。"① 在理想的互联网环境下，税务机关如果能够通过互联网金融网络信息中心获取所有必需的涉税信息，其信息采集的边际成本将会降低；而互联网金融直接融资参与主体的部分信息存储成本也将大大降低。因此，互联网金融直接融资的涉税信息的管理成本将主要由互联网金融网络信息中心承担，这使得税务机关执行征管行政的成本显著降低，互联网金融直接融资参与主体履行其信息报送义务的低成本条件正好符合这一点。

2. 税务机关的涉税信息采集与管理权限

税务机关在进行税务管理的过程中有要求互联网金融直接融资参与主体报送涉税信息的权力。在税务登记、纳税申报等税务管理流程中，税务机关可依据《税收征管法》要求互联网金融直接融资参与主体报送相关的涉税信息。但对于税务机关应当按照何种程序要求其报送信息则缺乏具体规定。总的来看，《税收征管法（征求意见稿）》已注意到了缺乏统一的税收识别号制度、自主申报法律地位不明确、申报方式纸质化等情况给税务机关和纳税人带来的种种不便，并进行了相应完善。但仍需进一步意识到，《税收征管法（征求意见稿）》的一些条款与互联网金融电子化、大数据和"云"运营模式仍存在规定内容欠缺之处。主要表现在：税收征管过程中，互联网金融直接融资参与主体经历各种行政前置程序，将会增加税务机关要求其主动报送涉税信息的可能性。但税务机关会基于其工作的习惯，要求互联网金融直接融资参与主体提交纸质的报送材料，这既增加了税务机关的工作量，也增加了互联网金融直接融资参与主体的报送成本，未能充分注意到利用信息自动化技术降低税收征管与纳税遵从成本。因此，需要对税务机关行使其要求互联网金融直接融资参与主体报送信息的权力进行合理的限定。在明确构建统一纳税人识别号制度、确立电子申报的法律效力与形式的基础上，进一步明确利用信息自动交换技术建立涉

---

① 徐孟洲. 论税法原则及其功能 [J]. 中国人民大学学报，2000，14（05）：90.

税信息自动报送的机制，从而淡化税务机关在要求互联网金融直接融资参与主体报送涉税信息时的权力色彩，使税务机关的征管工作更具"服务"性质。同时，应建立涉税信息报送的责任制度。为了敦促互联网金融直接融资参与主体切实履行涉税信息提供义务，还应要求他们承担相应的法律责任。对此，《税收征管法》应当明确规定：纳税人或第三方主体拒绝提供税务机关要求提供的涉税信息或拒绝对提供的信息真实性负责的，应承担相应的法律后果。

(三) 涉税信息采集与管理机制

健全的涉税信息管理系统需要建立在涉税信息采集系统、涉税信息处理系统以及涉税信息反馈系统等子系统功能完善的基础之上。这样才能保证涉税信息获取的真实性和完整性，对税源信息进行实时监控，弥补现行征管过程中的不足，也才能约束税务机关涉税信息共享权力，保证其在正当合理范围内行使权力，维护纳税人的合法权利。

涉税信息采集系统。"数据标准化是涉税信息互通、交换、集中、共享的基础，也是数据分析挖掘的基础。"[1] 首先，税务机关应当依据《税收征管法》《税务登记管理办法》《纳税申报管理办法》《发票管理办法》等相关法律法规，根据纳税对象性质及缴纳税种的不同，制定一套可供操作执行的信息采集标准和规范。其次，税务机关基于涉税信息自动共享机制，从互联网金融信息中心获得的有关互联网金融直接融资主体涉税信息的来源进行严格管理，对信息来源的数量进行控制，并对提供虚假信息的主体施以严厉惩罚。在互联网金融直接融资涉税信息自动共享的同时，税务机关还应当积极参与制定互联网金融直接融资平台业务的行政管理法规，将自己的诉求真实合理反映，并力求在行政管理法规中有所体现。最

---

① 孙开，沈昱池. 大数据——构建现代税收征管体系的推进器 [J]. 税务研究，2015，359 (01)：99.

后，税务机关获取的涉税信息中如果关系个人隐私或企业的商业秘密，税务机关需要严格遵守保密义务，如果造成信息泄露则必须承担相应责任并弥补个人或企业的相关损失。

涉税信息处理系统。首先，运用先进的技术手段完善涉税信息电脑识别和分析系统，对采集的各种信息进行全面的真实性分析，对存在疑问的信息及时进行稽查，经稽查后确不属实的信息将被排除。① 其次，在保证获取信息的完整性和真实性的基础上，更加注重信息的质量，争取有效利用高质量的涉税信息，避免无端浪费税收征管行政资源。最后，将真实且高质量的涉税信息录入数据库，以为税款征收、减免以及税务稽查等税收征管活动的顺利开展提供真实的信息依据。

涉税信息反馈系统。对于故意提供虚假或不完整涉税信息，企图逃税的纳税人，必须对其规定严厉的惩罚措施。这可以提高纳税人的违法成本，使其严格遵守相关规定提供真实、完整的信息，减少税务机关的行政负担。② 而与之相配套，如果税务机关在税收征管过程中不当行使行政权力的行为造成了纳税人的损失，必须采取措施弥补纳税人的损失。对于名誉损失，应当通过税务机关的网站或相关媒体进行公告解释，恢复其名誉；对于经济损失，应当通过国家赔偿对纳税人的实际损失进行补偿。只有这样才能保证税务机关权力行使与权力限制之间的平衡，也才能使纳税人的权利义务实现平衡。

---

① 黄建. 税源专业化改革视阈下的组织再造研究［J］. 税务与经济，2015，198（01）：68.
② 卢剑灵. 我国纳税评估发展的瓶颈及对策分析［J］. 广东商学院学报，2009，24（06）：63.

结　语

　　褪去对"互联网思维"玄学般的解释,"互联网思维"的核心意思即是"以用户为中心"。互联网金融企业利用互联网不受物理空间限制、互联网用户边际成本接近零的特点,聚集了传统行业难以想象的用户数量,同时,互联网的透明性使金融机构利用传统融资信息差的盈利模式变得越来越困难,在互联网的环境中用户面对大量的同质化选择,此时"以用户为中心"的理念变得尤其重要。互联网金融凭借这一理念获得了普罗大众的欢迎,在短时间内对传统金融形成了巨大的冲击,让"傲慢"的金融垄断势力刮目相看,甚至人人自危。有关互联网金融的研究与成果不断涌现,成为当下最时髦的论题。

　　在本书看来,互联网金融直接融资对税法的影响,究其原因则是互联网金融的技术与理念同时引发了适应互联网金融税收征管的制度变迁。首先,云计算、大数据等信息技术在互联网金融直接融资的大量应用对现有税收征管手段的冲击,使税务机关难以依照现有征管手段对互联网金融实施有效监管,但也为税务机关利用同样的技术进行税源监控提供了示范;其次,互联网金融直接融资所蕴含的"以用户为中心"理念聚集了海量的投资者,使传统金融机构不得不重视普通投资者的呼声。"互联网金融用户""纳税人"这是普通公众在互联网金融与税法中的两个不同角色。因此,互联网金融直接融资的"以用户为中心"理念与税法的"纳税人至上"理念不谋而合。

　　因此，以网络借贷、众筹融资为代表的互联网金融撬动了传统金融秩序变革——金融生态朝向扁平化方向发展，税收征管制度也在悄然发生变化。《税收征管法》不仅在理论上需要确认税收债权债务的理论基础，将纳税人权利保护、防止国家征税权滥用作为其根本目的，在规则设计上也要关注信息技术对税收征管法律制度的功能再造，重视"科技发展所带来的政治平等性"① 对国家征税权力与制度架构的影响。通过互联网、大数据、云计算等信息技术，以电子凭证为依据，建立社会化的互联网金融直接融资涉税信息采集与管理机制，将传统的税收征管技术规则改造为信息化的税收征管技术规则。实现从"税务登记—纳税申报—税收核定—税款征收"到"纳税人自我评定—税务机关税收评定—税收征收"的税收征管逻辑转变，进一步落实"权利义务对等"的现代税收法治理念。

---

① 布鲁斯·宾伯. 信息与美国民主：技术在政治权力演化中的作用［M］. 北京：科学出版社，2011：236.

参考文献

一、中文参考文献

（一）著作类

［1］中国人民银行金融稳定分析小组．中国金融稳定报告（2014）［M］．北京：中国金融出版社，2014.

［2］范文仲，等．互联网金融：理论、实践与监管［M］．北京：中国金融出版社，2014.

［3］芮晓武，刘烈宏．中国互联网金融发展报告（2013）［M］．北京：社会科学文献出版社，2014.

［4］蔡磊．电子发票的理论与实践［M］．北京：中国财政经济出版社，2014.

［5］零壹研究院．中国P2P借贷服务行业白皮书（2015）［M］．北京：东方出版社，2015.

［6］第一财经新金融研究中心．中国P2P借贷服务行业白皮书（2013）［M］．北京：中国经济出版社，2013.

［7］王在全．互联网金融与中小企业融资［M］．北京：中国经济出版社，2015.

［8］陆小华．信息财产权——民法视角中的新财富保护模式［M］．北京：法律出版社，2009.

［9］国家税务总局纳税服务司.国外纳税服务概览［M］.北京：人民出版社，2010.

［10］刘剑文，熊伟.税法基础理论［M］.北京：北京大学出版社，2004.

［11］梁慧星.民法总论［M］.北京：法律出版社，2001.

［12］李刚.税法与私法关系总论——兼论中国现代税法学基本理论［M］.北京：法律出版社，2014.

［13］王泽鉴.民法总则［M］.北京：北京大学出版社，2009.

［14］陈清秀.税法总论［M］.台北：元照出版社，2006.

［15］陈清秀.税法总论［M］.台北：翰芦图书出版有限公司，2004.

［16］陈清秀.现代税法原理与国际税法［M］.台北：元照出版社，2010.

［17］黄茂荣.法学方法与现代税法［M］.北京：北京大学出版社，2011.

［18］中国国际税收研究会.税收征管模式发展趋势研究［M］.北京：中国税务出版社，2013.

［19］崔志坤.个人所得税制度改革：整体性推进［M］.北京：经济科学出版社，2015.

［20］江国华.中国行政法学（总论）［M］.武汉：武汉大学出版社，2012.

［21］施正文.税收程序法论：监控征税权运行的法理与立法研究［M］.北京：北京大学出版社，2003.

［22］刘初旺，沈玉平，等.税收征管执法风险与监管研究［M］.北京：经济管理出版社，2012.

［23］陈永国.翻译与后现代性［M］.北京：中国人民大学出版社，2005.

［24］神野直彦.体制改革的政治经济学［M］.王美平，译.北京：社会科学文献出版社，2013.

[25] 北野弘久．税法学原论 [M]．陈刚，杨建广，等，译．北京：中国检察出版社，2001.

[26] 布伦南，布坎南．宪政经济学 [M]．冯克利，秋风，王代，等译．北京：中国社会科学出版社，2012.

[27] 丹尼斯·M.帕森特．法律与真理 [M]．陈锐，译．北京：中国法制出版社，2007.

[28] 维克多·瑟仁伊．比较税法 [M]．丁一，译．北京：北京大学出版社，2006.

[29] 约翰·克莱顿·托马斯．公共决策中的公民参与 [M]．孙柏瑛，等译．北京：中国人民大学出版社，2010.

[30] 阿德里安·沃缪勒．不确定状态下的裁判：法律解释的制度理论 [M]．梁迎修，孟庆友，译．北京：北京大学出版社，2011.

[31] 汉密尔顿，杰伊，麦迪逊．联邦党人文集 [M]．程逢如，等译．北京：商务印书馆，1980.

[32] 布鲁斯·宾伯．信息与美国民主：技术在政治权力演化中的作用 [M]．刘钢，等译．北京：科学出版社，2011.

[33] 迪特尔·梅迪库斯．德国民法总论 [M]．邵建东，译．北京：法律出版社，2000.

[34] 卡尔·拉伦茨．德国民法通论 [M]．王晓晔，邵建东，程建英，等，译．北京：法律出版社，2004.

[35] K.茨威格特，H.克茨．比较法总论 [M]．潘汉典，米健，高鸿钧，等译．北京：法律出版社，2003.

（二）期刊类

[1] 王兰．全球数字金融监管异化的软法治理归正 [J]．现代法学，2021，43（03）.

[2] 谢平，邹传伟．互联网金融模式研究 [J]．金融研究，2012，390（12）.

[3] 徐细雄，林丁健．基于互联网金融的小微企业融资模式创新研究

[J].经济体制改革,2014,189(06).

[4]谢平.互联网金融的现实与未来[J].新金融,2014,302(04).

[5]解维敏,吴浩,冯彦杰.数字金融是否缓解了民营企业融资约束?[J].系统工程理论与实践,2021,41(12).

[6]赵渊.直接融资视角下的P2P网络借贷法律问题研究[J].交大法学,2014,10(04).

[7]叶湘榕.P2P借贷的模式风险与监管研究[J].金融监管研究,2014,27(03).

[8]高汉.互联网金融的发展及其法制监管[J].中州学刊,2014,206(02).

[9]刘明.美国《众筹法案》中集资门户法律制度的构建及其启示[J].现代法学,2015,37(01).

[10]李焰,高弋君,李珍妮,等.借款人描述性信息对投资人决策的影响——基于P2P网络借贷平台的分析[J].经济研究,2014,49(S1).

[11]严卫中.浅议互联网金融税收征管[J].税务研究,2015,363(05).

[12]李爱君.互联网金融的法治路径[J].法学杂志,2016,37(02).

[13]刘磊,钟山.互联网金融税收问题研究[J].国际税收,2015,25(07).

[14]魏琼,吕金蓬.我国互联网金融税收法律制度研究[J].税务与经济,2017,210(01).

[15]张玲南,邓翔婷,贺胜.互联网金融税收优惠政策的博弈分析及其比例检视[J].财经理论与实践,2019,40(02).

[16]丁杰.互联网金融与普惠金融的理论及现实悖论[J].财经科学,2015,327(06).

[17] 高杨，李健. 基于物联网技术的再制造闭环供应链信息服务系统研究 [J]. 科技进步与对策，2014, 31 (03).

[18] 吴晓求. 互联网金融：成长的逻辑 [J]. 财贸经济，2015, 399 (02).

[19] 江宇源. 政策轨迹、运营模式与网络经济走向 [J]. 改革，2015, 251 (01).

[20] 李鑫，徐唯燊. 对当前我国互联网金融若干问题的辨析 [J]. 财经科学，2014, 318 (09).

[21] 姚国章，赵刚. 互联网金融及其风险研究 [J]. 南京邮电大学学报 (自然科学版)，2015, 35 (02).

[22] 罗珊，黎富森. 金融发展与城乡收入差距——基于政府角色分析的新发现 [J]. 上海经济研究，2013, 25 (11).

[23] 郑联盛. 中国互联网金融：模式、影响、本质与风险 [J]. 国际经济评论，2014, 113 (05).

[24] 中国人民银行征信中心与金融研究所联合课题组，纪志宏，王晓明，等. 互联网信贷、信用风险管理与征信 [J]. 金融研究，2014, 412 (10).

[25] 何运信. 我国多层次征信体系的生成机理与演化路径 [J]. 宏观经济研究，2009, 122 (01).

[26] 曾威. 互联网金融科技信息披露制度的构建 [J]. 法商研究，2019, 36 (05).

[27] 张云起，孙军锋，王毅，等. 信联网商务信用体系建设 [J]. 中央财经大学学报，2015, 332 (04).

[28] 沈伟. 中国的影子银行风险及规制工具选择 [J]. 中国法学，2014, 180 (04).

[29] 董淳锷. 中国股权众筹立法问题之检讨 [J]. 比较法研究，2018, 159 (05).

[30] 陈秀梅，程晗. 众筹融资信用风险分析及管理体系构建 [J].

财经问题研究, 2014, 373 (12).

[31] 郭新茹, 韩顺法, 李丽娜. 基于双边市场理论的众筹平台竞争行为及策略 [J]. 江西社会科学, 2014, 34 (07).

[32] 刘宪权. 论互联网金融刑法规制的"两面性" [J]. 法学家, 2014, 146 (05).

[33] 宿营. 猫虎之辨: 互联网金融平台定位的信息中介与信用中介之争 [J]. 法学论坛, 2021, 36 (03).

[34] 王子菁, 张玉明, 刘丽娜. 共享金融风险管控机制构建及路径创新 [J]. 山东社会科学, 2020, 295 (03).

[35] 陆松新, 兰虹. 风险投资、第三方资金托管与中国 P2P 网络借贷平台成交量——基于 P2P 网络借贷投资者的视角 [J]. 投资研究, 2015, 34 (08).

[36] 尹丽. P2P 网络借贷平台资金托管问题研究 [J]. 当代经济管理, 2016, 38 (01).

[37] 蒋震, 苏京春, 杨金亮. 数字经济转型与税制结构变动 [J]. 经济学动态, 2021, 723 (05).

[38] 刘剑文. 税收征管制度的一般经验与中国问题——兼论《税收征收管理法》的修改 [J]. 行政法学研究, 2014, 85 (01).

[39] 马列. 税收治理现代化视野下的纳税服务 [J]. 税务研究, 2015, 368 (10).

[40] 王秀芝. 税收能力提升的必由之路: 税收征管现代化建设[J]. 中国人民大学学报, 2015, 29 (06).

[41] 陈兵. 新经济时代从"以票控税"到"信息管税"的转向——由 B2T 税收征管问题引发的思考 [J]. 法学, 2014, 397 (12).

[42] 王丽娜. 数字经济下税收征管数字化转型的机遇与挑战 [J]. 国际税收, 2021, 102 (12).

[43] 王达. 美国互联网金融的发展及中美互联网金融的比较——基于网络经济学视角的研究与思考 [J]. 国际金融研究, 2014, 332 (12).

[44] 刘征驰，赖明勇．虚拟抵押品、软信息约束与 P2P 互联网金融 [J]．中国软科学，2015，289（01）．

[45] 杨峰．我国商事登记法律制度改革对税收征管制度的影响与完善 [J]．社会科学家，2015，219（07）．

[46] 杨志银，黄静．我国证券市场税收漏洞及征管应对措施 [J]．理论探讨，2015，185（04）．

[47] 叶姗．经营所得个人所得税纳税义务之构造 [J]．环球法律评论，2021，43（04）．

[48] 刘燕，楼建波．金融衍生交易的法律解释——以合同为中心 [J]．法学研究，2012，34（01）．

[49] 张馨予．数字经济对增值税税收遵从的挑战与应对——欧盟增值税改革的最新进展及启示 [J]．西部论坛，2020，30（06）．

[50] 赵永辉，李林木．威慑机制、遵从激励与面向高收入者的最优税收执法 [J]．当代财经，2014，351（02）．

[51] 施正文．论我国个人所得税法改革的功能定位与模式选择 [J]．政法论丛，2012，147（02）．

[52] 高金平，李哲．互联网经济的税收政策与管理初探 [J]．税务研究，2019，408（01）．

[53] 张江洋，袁晓玲，张劲波．基于电子商务平台的互联网金融模式研究 [J]．上海经济研究，2015，320（05）．

[54] 梁俊娇．电子商务之税务稽查证据的真实性与合法性 [J]．税务研究，2013，333（02）．

[55] 熊湘怡．我国税收检查制度的重申与重构 [J]．税务研究，2019，413（06）．

[56] 陈光中，郭志媛．非法证据排除规则实施若干问题研究——以实证调查为视角 [J]．法学杂志，2014，35（09）．

[57] 刘彦霞．中国税务学会《税收征管法》修订研讨会综述 [J]．税务研究，2014，358（12）．

[58] 李静敏 . 对我国税源监控信息化建设的思考 [J]. 生产力研究，2011，227（06）.

[59] 本刊编辑部 . 金融改革发展建言录——两会经济金融界部分代表委员谈金融 [J]. 中国金融，2022，972（06）.

[60] 唐士亚 . 论互联网金融税收的规范形式实现 [J]. 税务与经济，2018，218（03）.

[61] 李有星，陈飞，金幼芳 . 互联网金融监管的探析 [J]. 浙江大学学报（人文社会科学版），2014，44（04）.

[62] 杨明宇 . 私募股权投资中对赌协议性质与合法性探析——兼评海富投资案 [J]. 证券市场导报，2014，259（02）.

[63] 余涛 . 众筹规制探究——一个规范分析的路径 [J]. 证券市场导报，2015，272（03）.

[64] 钟鸣 . 欧盟数字平台监管的先进经验及我国的战略选择 [J]. 经济体制改革，2021，230（05）.

[65] 陈凯 . 虚拟货币交易征税问题的探索 [J]. 税务研究，2012，330（11）.

[66] 国家税务总局西安市税务局课题组，黄树民，姚轩鸽，等 . 平台经济与税收政策互动机理及其因应对策研究 [J]. 税收经济研究，2022，27（01）.

[67] 李建军，张雨晨 . 众筹与小微经济体融资的匹配性——基于信息搜寻的视角 [J]. 河北经贸大学学报，2014，35（06）.

[68] 皮天雷，赵铁 . 互联网金融：逻辑、比较与机制 [J]. 中国经济问题，2014，285（04）.

[69] 崔志坤，李菁菁，杜浩 . 平台经济税收管理问题：认识、挑战及应对 [J]. 税务研究，2021，441（10）.

[70] 倪天林 . 论信息化税收征管模式的建立与完善 [J]. 经济经纬，2006（01）.

[71] 余丹 . "特权"超权力的本质及其宪政制约——基于发票税控

功能制度性失控的思考［J］. 财经问题研究, 2013, 353 (04).

［72］刘永泽, 孙光国. 中小企业会计准则的适用范围界定问题研究［J］. 会计研究, 2007, 241 (11).

［73］刘庆飞. 论"中小企业"的立法界定标准——从比较法的视角［J］. 河北法学, 2012, 30 (03).

［74］杨春方. 中小企业社会责任缺失的非道德解读——资源基础与背景依赖的视角［J］. 江西财经大学学报, 2015, 97 (01).

［75］张先治, 于悦. 会计准则变革、企业财务行为与经济发展的传导效应和循环机理［J］. 会计研究, 2013, 312 (10).

［76］刘光军, 彭韶兵, 王浩. 网络经济环境对会计理论的影响研究［J］. 财会月刊, 2016, 773 (25).

［77］金可可, 胡坚明. 不完全行为能力人侵权责任构成之检讨［J］. 法学研究, 2012, 34 (05).

［78］闫海. 公法之债的理论发展与实践意义［J］. 辽宁省社会主义学院学报, 2014, 60 (03).

［79］柳砚涛. 论行政诉讼中的利害关系——以原告与第三人资格界分为中心［J］. 政法论丛, 2015, 165 (02).

［80］夏冬泓, 盛先科, 蒋辉宇. 经济法视角下财税权体系的重构［J］. 上海交通大学学报 (哲学社会科学版), 2014, 22 (01).

［81］王甫元. 论我国纳税人税收退还请求权［J］. 兰州大学学报 (社会科学版), 2010, 38 (05).

［82］刘剑文. 掠夺之手抑或扶持之手——论私人财产课税法治化［J］. 政法论坛, 2011, 29 (04).

［83］王天华. 国家法人说的兴衰及其法学遗产［J］. 法学研究, 2012, 34 (05).

［84］王金龙, 乔成云. 互联网金融、传统金融与普惠金融的互动发展［J］. 新视野, 2014, 185 (05).

［85］葛克昌. 藉税捐简化以达量能平等负担——核实、实价与推计

课税之宪法基础 [J]. 交大法学, 2014, 7 (01).

[86] 杨力. 纳税人意识: 公民意识的法律分析 [J]. 法律科学 (西北政法学院学报), 2007, 157 (02).

[87] 单飞跃, 王霞. 纳税人税权研究 [J]. 中国法学, 2004 (04).

[88] 吕铖钢, 洪阳蕾, 杨叶凡. 数字变革中的不确定概念与税收立法的精细化应对 [J]. 地方财政研究, 2021, 203 (09).

[89] 张旅平, 赵立玮. 自由与秩序: 西方社会管理思想的演进 [J]. 社会学研究, 2012, 27 (03).

[90] 齐建辉. 正当法律程序价值理论的反思和重构 [J]. 甘肃政法学院学报, 2011, 119 (06).

[91] 李爱平. 英美违法合同禁止返还规则的例外 [J]. 环球法律评论, 2013, 35 (06).

[92] 雷磊. 法律程序为什么重要? 反思现代社会中程序与法治的关系 [J]. 中外法学, 2014, 26 (02).

[93] 李建华. 公共政策程序正义及其价值 [J]. 中国社会科学, 2009, 175 (01).

[94] 季卫东. 法律程序的形式性与实质性——以对程序理论的批判和批判理论的程序化为线索 [J]. 北京大学学报 (哲学社会科学版), 2006 (01).

[95] 胡翔. 数字经济背景下落实税收法定原则的价值、难点与对策 [J]. 税务研究, 2022, 447 (04).

[96] 张怡, 孙小东. 程序正义视角下"税源联动"法律规制探讨 [J]. 河北法学, 2012, 30 (02).

[97] 刘泽黎. 互联网背景下信用制度的演进和风险管理 [J]. 经济学家, 2020, 253 (01).

[98] 刘岳川, 孙芊妍. 我国互联网企业数据报送法律制度的完善 [J]. 学术交流, 2021, 328 (07).

[99] 雷刚, 喻少如. 算法正当程序: 算法决策程序对正当程序的冲

击与回应［J］.电子政务，2021，228（12）.

［100］谢旭人.加强和优化纳税服务构建和谐税收征纳关系［J］.中国税务，2007，274（07）.

［101］杨琴.纳税人本位与依法治税［J］.税务研究，2004，272（08）.

［102］袁明圣.税收法定原则在中国：收回税收立法权没有时间表［J］.江西财经大学学报，2014，94（04）.

［103］李恒，吴维库，朱倩.美国电子商务税收政策及博弈行为对我国的启示［J］.税务研究，2014，346（02）.

［104］张磊.制度变迁理论下我国最优税收立法路径研究［J］.齐鲁学刊，2014，243（06）.

［105］刘同洲，李万甫.基于数据增值的税收征管数字化转型路径研究［J］.财政研究，2022，470（04）.

［106］武辉.从制度经济学角度优化我国税收征管制度［J］.中央财经大学学报，2007，239（07）.

［107］陈兵，程前.《税收征收管理法》修订下网络交易税收征管问题解读——以第三方平台管控为中心［J］.上海财经大学学报，2015，17（04）.

［108］王凤飞.电商环境下优化纳税服务的现实选择及能力提升［J］.河北大学学报（哲学社会科学版），2020，45（05）.

［109］刘建徽，周志波.整体政府视阈下"互联网+税务"发展研究——基于发达国家电子税务局建设的比较分析［J］.宏观经济研究，2015，204（11）.

［110］曾保根.价值取向、理论基础、制度安排与研究方法——新公共服务与新公共管理的四维辨析［J］.上海行政学院学报，2010，11（02）.

［111］王志荣.新公共管理视角下的税务营商环境优化——从世界银行评价指标体系谈起［J］.税务研究，2018，404（09）.

［112］黄建．税源专业化改革视阈下的组织再造研究［J］．税务与经济，2015，198（01）．

［113］薛钢．浅论纳税服务理念在税收征管中的体现［J］．税务研究，2009，287（04）．

［114］叶美萍，叶金育，徐双泉．美国纳税服务的经验与启示［J］．税收经济研究，2012，17（01）．

［115］王华君．澳大利亚纳税服务经验及对我国的启示［J］．涉外税务，2010，259（01）．

［116］谭韵．税收遵从、纳税服务与我国税收征管效率优化［J］．中南财经政法大学学报，2012，195（06）．

［117］李华，刘见．权利义务相对应是准确把握纳税服务的重要理念［J］．税务与经济，2014，194（03）．

［118］俞杰．纳税服务之法定服务突破——基于纳税人多维需求的视角［J］．税务研究，2012，326（07）．

［119］潘力，范立新．市场经济条件下纳税服务的制度条件与思路创新［J］．税务研究，2004（05）．

［120］薛钢．基于纳税人需求层次的纳税服务创新［J］．税务研究，2010，307（12）．

［121］滕祥志．税法的交易定性理论［J］．法学家，2012，130（01）．

［122］刘新熙．论意思表示的构成要素［J］．南昌大学学报（人文社会科学版），2006（05）．

［123］耶尔格·诺伊尔，纪海龙．何为意思表示？［J］．华东政法大学学报，2014，96（05）．

［124］黄建．论我国纳税人协会治理功能的完善——国外经验与中国对策［J］．税务与经济，2013，188（03）．

［125］施正文．税收之债的消灭时效［J］．法学研究，2007，171（04）．

[126] 熊伟. 作为特殊破产债权的欠税请求权 [J]. 法学评论, 2007, 145 (05).

[127] 张驰. 论意思表示解释 [J]. 东方法学, 2012, 30 (06).

[128] 郝春虹. "财政学"理论发展及研究性质综述 [J]. 兰州商学院学报, 2010, 26 (06).

[129] 董晓岩. 税收征管效率研究综述与内涵辨析 [J]. 税务与经济, 2010, 173 (06).

[130] 崔威. 税收立法高度集权模式的起源 [J]. 中外法学, 2012, 24 (04).

[131] 孙海波. 通过裁判后果论证裁判——法律推理新论 [J]. 法律科学 (西北政法大学学报), 2015, 33 (03).

[132] 赵玉. 商事组织立法体系的生长:以私募股权投资基金为中心的观察 [J]. 社会科学研究, 2012, 203 (06).

[133] 雷新途, 熊德平. 企业融资交易的契约安排:一个交易费用经济学的分析框架 [J]. 审计与经济研究, 2012, 27 (02).

[134] 廖益新, 邱冬梅. 利息或是股息——资本弱化规则适用引发的定性识别冲突问题 [J]. 暨南学报 (哲学社会科学版), 2009, 31 (04).

[135] 刘建红. 对金融衍生工具的课税:原则、冲突与实践 [J]. 涉外税务, 2004, 17 (06).

[136] 张春丽. 我国金融衍生品税法性质及规范研究 [J]. 政法论坛, 2015, 33 (06).

[137] 汤洁茵. 证券转让收益课税制度的适用:争议与完善 [J]. 税务研究, 2014, 348 (04).

[138] 国家税务总局税收科学研究所课题组, 朱广俊, 张林海, 等. 税收现代化目标体系建设研究 [J]. 税收经济研究, 2015, 20 (03).

[139] 廖雄军. 政府征税成本与征税效率的比较研究 [J]. 学术论坛, 2008, 204 (01).

[140] 盛子龙. 租税法上类型化立法与平等原则 [J]. 中正财经法

学，2011，3（07）.

［141］陈金艳. 税收征管改革与税收制度的协调［J］. 税务研究，2012，328（09）.

［142］张富强，卢沛华. 纳税人权利的概念及现状［J］. 学术研究，2009，292（03）.

［143］周虹，谢波峰，谷昱璇. 从发达国家税收征管经验看我国税收征管机制的改革［J］. 税务研究，2006（06）.

［144］卜祥来，夏宏伟. 从OECD国家个人所得税改革趋势看我国税制改革［J］. 税务研究，2009，284（01）.

［145］茆晓颖. 证券投资所得课税的国际比较与启示［J］. 财会月刊，2009，507（11）.

［146］夏宏伟. 美国个人所得税纳税申报制度及其借鉴［J］. 涉外税务，2011，279（09）.

［147］潘雷驰，叶桦. 美国涉税信息综合治理机制对我国税源专业化管理的启发［J］. 税收经济研究，2012，17（04）.

［148］王道树. 税收流失估算：美国的经验及其对我国的启示［J］. 涉外税务，2011，278（08）.

［149］黄春元，张战平，金玉珊. 中美个人所得税制度的比较及对我国的启示［J］. 税务与经济，2014，193（02）.

［150］姚海放，彭岳，肖建国，等. 网络平台借贷的法律规制研究［J］.法学家，2013，140（05）.

［151］何志鹏. 国际法治：一个概念的界定［J］. 政法论坛，2009，27（04）.

［152］张康之，张皓. 在后工业化背景下思考服务型政府［J］. 四川大学学报（哲学社会科学版），2009，160（01）.

［153］高培勇. 论国家治理现代化框架下的财政基础理论建设［J］.中国社会科学，2014，228（12）.

［154］"中国税务学会纳税服务"课题组. 借鉴国际经验积极构建现

代纳税服务体系 [J]. 税务研究, 2010, 302 (07).

[155] 张爱球. 当代主要发达国家税收管理法律概览——兼及对我国建设现代征管法制体系的启示 [J]. 金陵法律评论, 2012, 23 (02).

[156] 王鸿貌. 试论当代税法的国际趋同化 [J]. 财经论丛, 2008, 135 (01).

[157] 廖凡. 反跨国逃税避税的法律问题研究 [J]. 政治与法律, 2015, 246 (11).

[158] 文显堂. 中国互联网金融领先世界 三大趋势显现 [J]. 中国经济周刊, 2014, 540 (40).

[159] 赵宏. 行政法学的体系化建构与均衡 [J]. 法学家, 2013, 140 (05).

[160] 宋方青. 立法质量的判断标准 [J]. 法制与社会发展, 2013, 19 (05).

[161] 景玉琴. 分野与融合: 建构理性与演进理性 [J]. 江汉论坛, 2006, 338 (12).

[162] 姜明安. 公众参与与行政法治 [J]. 中国法学, 2004, 119 (02).

[163] 伍红, 胡杰琦. 基于流程特征的电子商务税收征管流程再造 [J]. 税务研究, 2013, 337 (06).

[164] 廖益新. 远程在线销售的课税问题与中国的对策 [J]. 法学研究, 2012, 34 (02).

[165] 苗龙, 郑学党. 全球数字服务税发展态势与应对策略研究[J]. 财经理论与实践, 2021, 42 (02).

[166] 戴东红. 互联网金融对小微企业融资支持的理论与实践——基于小微企业融资视角的分析 [J]. 理论与改革, 2014, 198 (04).

[167] 廖福崇. "放管服"改革过程中畅通政企沟通渠道的实证研究 [J]. 中南大学学报 (社会科学版), 2021, 27 (02).

[168] 孙钢. 建立适应新个人所得税模式的征管机制探讨 [J]. 国际

税收，2014，13（07）.

［169］姚子健.涉税信息共享平台法律实证研究［J］.西北民族大学学报（哲学社会科学版），2022，247（01）.

［170］汤洁茵.证券投资基金纳税主体资格的法律确证［J］.税务与经济，2008，161（06）.

［171］谈李荣，孙吟.互联网金融视域下的类资产证券化：交易模式、金融异化与监管逻辑［J］.江苏行政学院学报，2021，116（02）.

［172］许多奇，张维宇.我国非保本理财产品之运作困境与制度设计——以商业银行个人理财业务实证考察为主线［J］.法学，2014，395（10）.

［173］龚鹏程，臧公庆.支付清算型互联网金融监管立法述评——以央行"网络支付管理征求意见稿"为线索［J］.江西财经大学学报，2015，99（03）.

［174］汤洁茵.原则还是例外：经济实质主义作为金融交易一般课税原则的反思［J］.法学家，2013，138（03）.

［175］胡金焱，水兵兵.互联网金融借贷期限、信用风险与定价关系研究——基于借款者投融资期限错配视角［J］.现代财经（天津财经大学学报），2020，40（09）.

［176］刘文霞.金融衍生工具会计在我国的发展初探［J］.现代财经-天津财经大学学报，2009，29（03）.

［177］熊鹭.OECD国家创新金融工具所得税计税方法比较及启示［J］.金融会计，2008，176（07）.

［178］李旭红，杨静.浅析我国衍生金融工具所得性质、数量、时间的认定［J］.涉外税务，2010，260（02）.

［179］谭书卿.共享经济个人所得税征管的失范性分析及完善路径［J］.南方金融，2020，522（02）.

［180］汪向东.我国电子政务的进展、现状及发展趋势［J］.电子政务，2009，79（07）.

[181] 谭军，罗琪，马莉.电子证据在税务行政应用中存在问题及对策 [J].税务研究，2013，341（10）.

[182] 耿建新，洪图.会计原始凭证无纸化问题探讨——基于电子商务的视角 [J].会计研究，2011，286（08）.

[183] 李建英，李婷婷，谢斯博.构建"资金流"控制为主的电子商务税收征管模式 [J].经济与管理评论，2014，30（03）.

[184] 张冰.面向服务的电子商务平台集中运维管理实践 [J].电力信息与通信技术，2015，13（09）.

[185] 胡怡建.我国税收改革发展的十大趋势性变化 [J].税务研究，2015，360（02）.

[186] 李占荣.征税权之法理研究 [J].税务研究，2008，283（12）.

[187] 王敏，彭敏娇.数字经济发展对税收征纳主体行为的影响及政策建议 [J].经济纵横，2020，417（08）.

[188] 张鑫.奥斯特罗姆自主治理理论的评述 [J].改革与战略，2008，182（10）.

[189] 楚德江.新控权论：构建双重责任机制 [J].郑州大学学报（哲学社会科学版），2009，42（01）.

[190] 周建厂.区块链技术重塑税收征管系统实现路径探究 [J].经济体制改革，2021，226（01）.

[191] 向景，刘中虎.借鉴国际经验 优化我国税务营商环境 [J].国际税收，2013，2（08）.

[192] 徐孟洲.论税法原则及其功能 [J].中国人民大学学报，2000，14（05）.

[193] 孙开，沈昱池.大数据——构建现代税收征管体系的推进器 [J].税务研究，2015，359（01）.

[194] 卢剑灵.我国纳税评估发展的瓶颈及对策分析 [J].广东商学院学报，2009，24（06）.

二、外文参考文献

（一）期刊类

［1］GOMBER P, KOCH J A, SIERING M. Digital Finance and FinTech: current research and future research directions ［J］. Journal of Business Economics , 2017, 87（05）.

［2］DIETZE. The Tax Code's Crowdfunding Dilemma: The Temptation of Kickstarter Creators to Use the Gift Exclusion Under Section102（a）［J］. HamlineLawReview, 2014, 37（03）.

［3］LOUCKS D. Will crowdfunding and general solicitation spur orphan drug development for biotechs ［J］. North Olmsted, 2013, 48（10）.

［4］DAVID R, WENZLAFF K. Crowd funding schemes in Europe ［J］. EENCReport, 2011, 45（07）.

［5］LOGUE K D. Optimal Tax Compliance and Penalties When the Law Is Uncertain ［J］. Va. Tax Rev, 2007, 27（11）.

［6］TODER E. Changes in Tax Preparation Methods 1993—2003 ［J］. Tax Notes, 2005, 9（05）.

［7］MCLURE C E, CONLIN S D, GENTRY W M. Electronic commerce, state sales taxation, and intergovernmental fiscal relations ［J］. National Tax Journal, 1997, 6（08）.

［8］BEDEKAR, ASMITA. 'Coin' ing the Tax 'Bit' ［J］. The Contemporary Tax Journal, 2014, 4（01）.

［9］CANNAS, FRANCESCO. The last developments of the digital economy and bitcoins as a 'stresstest' for the EU VAT system ［J］. World Journal of VAT/GST Law, 2015, 4（02）.

［10］DENHARDT R B, DENHARDT J V. The new public service: Serving rather than steering ［J］. Public administration review, 2000, 60

(06).

[11] RONESS P G. Autonomy and Regulationof State Agencies: Reinforcement, Indifference or Compensation [J]. Public Organization Review, 2008, 8 (02).

[12] CHRISTOPHER H, ROTHSTEIN H. Risk Regulation Under Pressure Problem Solving or5 Blame Shifting? [J]. Administration & Society, 2001, 33 (01).

[13] MADDEN G. Potential demand for m-government services in Japan [J]. Applied Economics Letters, 2013, 20 (08).

[14] CHATFIELD, TAKEOKA A. Public service reform through e-government: a case study of "e-Tax" in Japan [J]. Asymptotic and Computational Methods in Spatial Statistics, 2009, 44 (07).

[15] KIRCHHOF P. Steuergleichheit durch Steuervereinfachung [J]. DStJG, 1998, 21 (02).

[16] BATTISTA P. The Taxation of Crowdfunding: Income Tax Uncertainties and a Safe Harbor Test to Claim Gift Tax Exclusion [J]. Kansas Law Review, 2015, 64 (02).

[17] CHERYLT M, MCKAY BA. Crowdfunding and Income Taxes: Whether and How This Still-New Funding Source Is Subject to Income Taxes Remains Unclear, but Some Principles Can Be Applied [J]. Journal of Accountancy, 2015, 220 (04).

[18] DIETZ, ERIC. Tax Code's Crowdfunding Dilemma: The Temptation of Kickstarter Creators to Use the Gift Exclusion under Section 102 (a) [J]. The Hamlinerewe, 2013, 37 (02).

[19] WARDROP R, ZHANG B, RAU R. Moving mainstream [J]. The European Alternative Finance Benchmarking Report, 2015, 3 (03).

[20] BUCHANAN J M. Constitutional constraints on governmental taxing power [J]. ORDO: Jahrbuch für die Ordnung von Wirtschaft und Gesells-chaft,

1979，30（03）．

［21］BINGHAM L B，NABATCHI T，O'LEARY R. The new governance：Practices and processes for stakeholder and citizen participation in the work of government［J］. Public administration review，2005，65（05）．

［22］YOUNG I M. Polity and group difference：A critique of the ideal of universal citizenship［J］. Ethics，1989，99（02）．

［23］GREENGARD ，SAMUEL. Following the crowd［J］. Communications of the ACM，2011，54（02）．

［24］GUY B. Taxation and crowdfunding——The start［J］. Taxation in Australia，2015，49（08）．

（二）其他类

［1］Corporations and Markets Advisory Committee，Crowd-sourced equity funding report［R/OL］. Australian Government The Treasury，2014-05-04.

［2］WILSON，KAREN E ，TESTONI M. Improving the role of equity crowdfunding in Europe's capital markets［R/OL］. brugel，2014-08-28.

［3］RAMOS，JAVIER. Crowdfunding and the role of managers in ensuring the sustainability of crowdfunding platforms［R/OL］. European Commission，2014-05-01.

［4］DECARVALHO，LUCIAFERNANDA. Equity-based Crowdfunding as an Alternative for Funding of Startups：Trends in Branzilian Context［R/OL］. International Symposium on Management，Project，Innovation and Sustainability，2014-11-11.

［5］HM Revenue and Customs. Deduction of income tax from interest：peer-to-peer lending［R/OL］. GOV. UK，2015-07-15.

［6］HM Revenue and Custom. Brief2（2016）：deduction of Income Tax at source from payments of peer-to-peerinterest［R/OL］. GOV. UK，2016-08-16.

［7］HMRC. Overview of Making Tax Digital［R/OL］. GOV. UK，2022-

01-11.

[8] Australian Securities and Investments Commission. 12-196 MR ASIC guidance on crowd funding [R/OL]. ASIC, 2012-08-13.

[9] Piper Alderman. Taxation issues and equity crowdfunding in Australia [R/OL]. LEXOLOGY, 2015-10-13.

[10] Australian Taxation Office. GST and crowdfunding [R/OL]. Australia Government Australian Taxation office, 2015-09-15.

[11] Freehills Patent Attorneys. Income tax & crowdfunding [R/OL]. LEXOLOGY, 2015-09-15.

[12] KENG C. CouldKickstarter's Policies Trigger An IRS Tax Audit [J/OL]. Forbes, 2013-04-14.

[13] ROSENBERG E. Should Kickstarter pledges be taxed [R/OL]. Market Watch, 2013-06-13.

[14] Australian Taxation Office. GST and crowdfunding [R/OL]. Australian Government Australian Taxation Office, 2015-08-01.